ふるさと再発見の旅 四国

清永安雄 撮影

産業編集センター

ふるさと再発見の旅　四国

ふるさと再発見の旅　四国　目次

香川

愛媛

高知

徳島

香川

丸亀市塩飽本島町笠島
二十四の瞳・
映画村の木造校舎
おけいちゃん
多度津
生里
高松ライオン通商店街
平賀源内旧邸
高松市
引田
伊吹島
仁尾

伊《い》吹《ぶき》島《じま》（観音寺市伊吹町）

イリコとともに暮らす小さな島

讃岐うどんの味を支えている濃厚でうま味の強い「イリコだし」。イリコとはカタクチイワシなどを乾燥させたもので、このイリコの生産量で香川県は全国でもトップクラスとなっている。なかでも、伊吹島でつくられるイリコは、その品質の良さから「伊吹イリコ」と呼ばれ、高級ブランド品として高値で取引されている。

イリコの島、伊吹島は香川県の西端にある。観音寺港の沖十キロあたりに浮かぶ島で、周囲五・四キロ。明治の頃には八百人いた島民も、現在は四百人程度で、そのほとんどが漁やイリコの加工に携わっている。

伊吹島という島名の由来は諸説ある。島の近くの海に漂っていた光を放つ不思議な木「異木《いぼく》」を弘法大師が引き上げ、その木で多くの仏像を刻んだことから「異木島《いぼくじま》」と名付けられ、それが転じて伊吹島と呼ばれるようになったという。

伊吹島へは、観音寺港から船に揺られること二十五分あまり。島の入り口である真《ま》浦港《うらこう》から上陸する。港に入る前、船上から見た伊吹島は岩盤にへばりつくように家が建ち並び、港のすぐ横にはイリコの大きな加工場が並んでいるのが特徴的だった。

イリコ漁とその加工は、六月から九月が最盛期。漁場と加工場が近く、漁獲から加工まで網元が一貫して行えるのが伊吹島の強み。より鮮度の高い上質な伊吹イリコを生み出す秘密はここにある。残念ながら時期が合わなければ、イリコの加工の様子は見ることができない。だが、港近くにある販売所に行けば、新鮮なままパッキングされた伊吹イリコを手に入れることができる。

港から集落に続く道は、かなり傾斜の強い坂道になっている。建ち並ぶ家の間を必死になって登り歩いていくと、その横をうしろに人を乗せたバイクが次々と追い抜いていく。どうやらバイクは島の人々の重要な移動手段のようで、船が着いたあとは何台ものバイクが坂を猛スピードで疾走していった。

海風に背を押されながら、急な坂道をひたすら登っていく。途中、うしろを振り返ると眼下には漁師町特有の家々の屋根が連なり、その向こうに瀬戸内の海が広がる。イリコ加工の最盛期には、朝早くから船が港を出入りし、加工場の機械の動く音が港に響き渡り続けるという。そんな活気ある島の風景も楽しいだろうが、シーズンオフの静かな島の風景もなかなかいい。坂を降りて港をぶらぶらすれば、どこから来たのか島の猫たちがこちらに寄ってくる。何か食べたいのだろうか。おいしい餌にありつけるカタクチイワシ漁が始まるまで、猫たちにとって我慢の時間が続くのだ。

島の玄関口である真浦港

港のすぐそばにイリコの加工施設が並ぶ

港から集落に続く坂道

伊吹島ではバイクが重要な交通手段

伊吹島民俗資料館
住所：観音寺市伊吹町479-1
電話：087-523-3943
開館時間：9:00～17:00
定休：月曜日
料金：無料

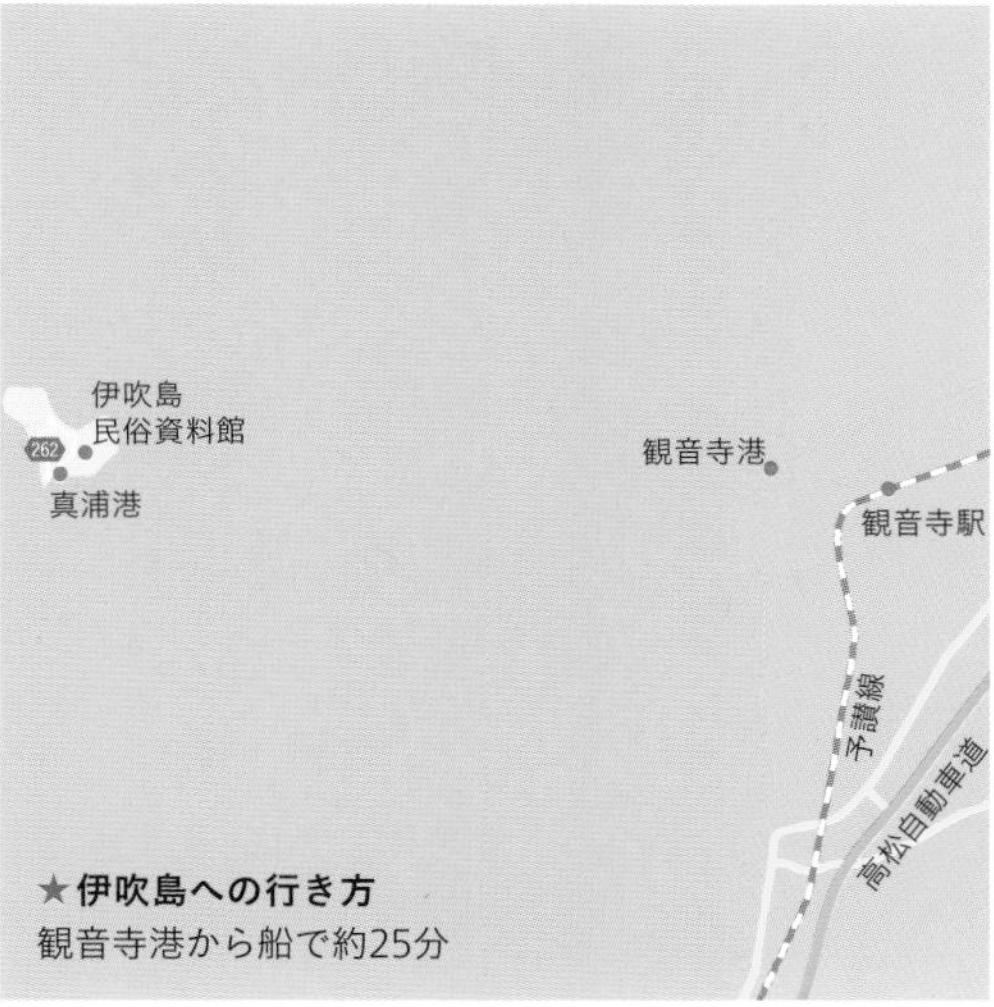

★伊吹島への行き方
観音寺港から船で約25分

おすすめランチ

●かけうどん
香川県民のソウルフード、さぬきうどん。県内各所に名店があり、それぞれにお気に入りの店があるそうだが、このつるやも長く愛される店のひとつ。昔ながらの味を守りつつ、ヘルシーなサラダ風のうどんなど新しい試みにも積極的だ。

「手打ちうどん　つるや」
観音寺市坂本町3-7-18

引田《ひけた》（東かがわ市引田）

東讃《とうさん》一の商都として栄えた風情ある港町

香川県の東端、徳島県との県境にある引田。半島によって風が遮られる天然の良港があり、古くから讃岐三白《さぬきさんぱく》（塩、砂糖、綿）をはじめとする荷を運ぶ海運の拠点として栄えた。風待ち港としても知られ、良い風が吹くまで多くの船人たちが引田の町にとどまった。往時、この町には料亭、商店、旅館などが百軒以上建ち並び、通りを多くの人々が行き交い、連日祭りのようなにぎわいをみせていたといわれている。

現在の引田は、残念ながら当時のにぎわいを感じることはできない。かつての隆盛が嘘のように静かな時間が流れている。だが、その静かな街をゆっくり歩いていると引田という町がもつ不思議な魅力に魅入られていく。

町の北端にある誉田《ほんだ》八幡宮から南に向かって歩き、小海川《おおみがわ》にかかる御幸《みゆき》橋を渡ると、すぐ左に、一際目立つ赤色の壁が目に入ってくる。宝暦三（一七五三）年創業の老舗醤油屋「かめびし屋」の建物だ。さらに歩を進めると、広大な屋敷が見えてくる。東讃随一の豪商として名を馳せた佐野家の家であり、讃州井筒屋敷と呼ばれている。井筒屋は醤油と酒の醸造を手掛け、莫大な財を手にした商家であった。現在は観光施設として利用されているが、敷地内に今も残る豪華で風格ある日本庭園は、当時の繁栄ぶりを物語っている。

　そこからさらに南へ歩いていくと、日下家、松村家、泉家といった江戸時代から残る古い屋敷が軒を連ねる。「へんろみち」とも呼ばれるこの通り沿いには、商家の古い建物や民家が点在し、風情あふれる景観を目にすることができる。

　大通りから少し入った路地も見逃せない。虫籠《むしこ》窓のある家や漁師町風情の残る家々の間を歩いていくと、遠くに港の風景が見えてくる。路地を吹き抜ける海風を感じながら進んでいくと、船が波に静かに揺れる引田港が迎えてくれる。

　ところで、あまり知られていないかもしれないが、日本で初めてハマチの養殖に成功したのがここ引田である。昭和三年、引田出身の野網《のあみ》和三郎《わさぶろう》が苦難の末に成し遂げたもので、その日本初の養殖が行われたのが引田の北にある安戸池《あどいけ》という池である。現在、安戸池のほとりには、和三郎の銅像が建てられている。

　さらに、近年、引田の町の名物となっているのが引田ひなまつりである。毎年二月下旬から三月三日までの五日間、引田の町中に豪華な雛人形が飾られる。夜には街路が行燈で照らされ、幻想的な春の夜が出現する。この祭りの期間だけは、多くの人が町に訪れ、にぎやかだったかつての引田が蘇る。

天然の良港として知られる引田港

赤い壁がひときわ目立つ「かめびし屋」の建物

カフェとして使われている旧引田郵便局

観光案内所になっている讃州井筒屋敷

毎年2月から3月にかけて行われる「引田ひなまつり」

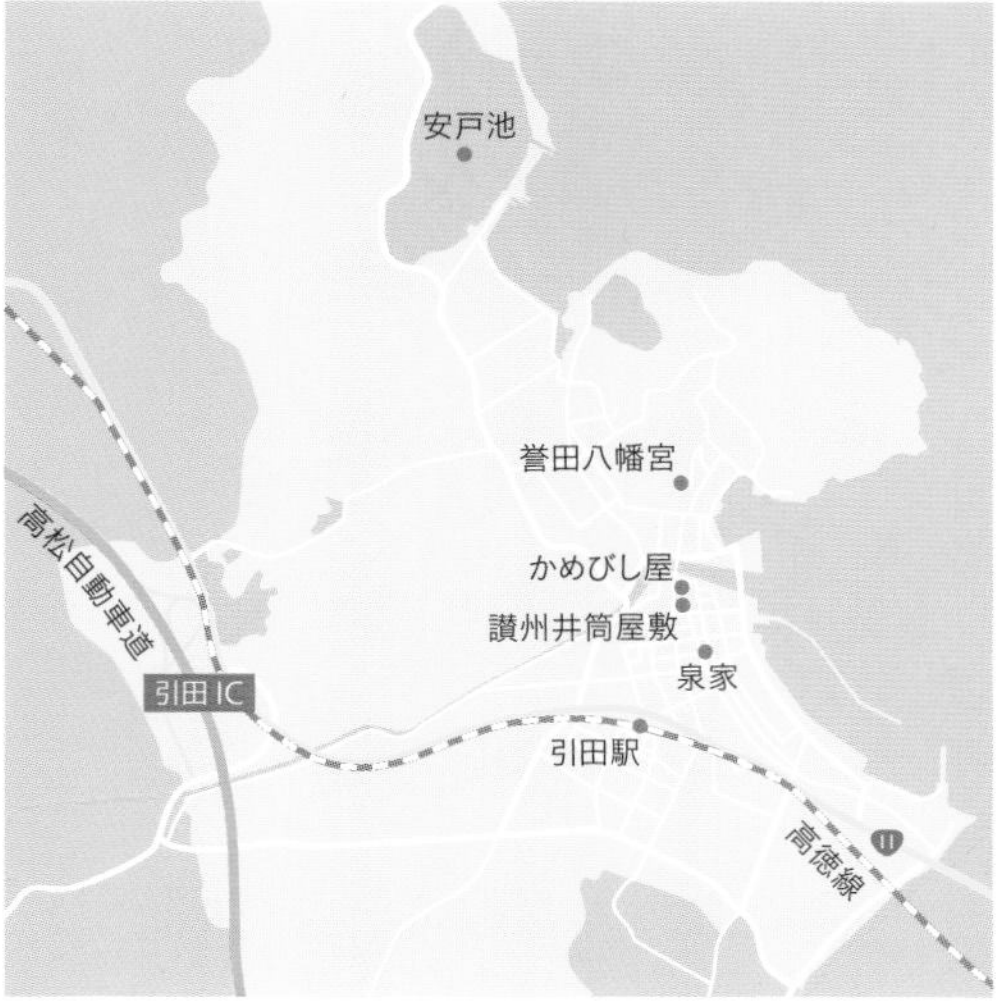

★引田への行き方
高松自動車道引田ICより車で約10分
JR高徳線引田駅より徒歩で約10分

讃州井筒屋敷
住所：東かがわ市引田2163
電話：087-923-8550
営業時間：10:00〜16:00
定休：水曜日（祝日の場合は翌日）
料金：無料（母屋のみ300円）

著名人の生家を訪ねて

平賀源内旧邸
源内の多彩な才能を垣間見られる家

平賀源内は享保十三（一七二八）年、高松藩の米蔵番の子として志度浦《しどうら》（現在のさぬき市志度町）で生まれた。幼い頃から発明の才を発揮し、エレキテル（摩擦を利用した静電気の発生装置）の復元に成功したほか、燃えない布や万歩計などを発明。また人気作家として戯作浄瑠璃作品を発表したり、からくり人形をつくったりと、まさに奇才であった。安永八年（一七七九）十二月、江戸の獄中で、五十二年の生涯を閉じた。

その源内の軌跡をたどる記念館「平賀源内記念館」から五百メートルほど西にあるのが平賀源内旧邸である。源内はここで生まれたのだが、そのときの建物はその後建て替えられたため、生家ではなく旧邸と呼ばれている。本草学にも造詣の深かった源内が造った小さな薬草園が庭にあり、彼の多才ぶりを垣間見ることができる。

住所　さぬき市志度46-1
開館時間　10:00～16:00
休館　平日（土・日・祝日、長期休暇のみ開館）

多度津《たどつ》（仲多度郡多度津町）

北前船の寄港地と金毘羅参詣の玄関口

讃岐平野のほぼ中心に位置し、瀬戸内海国立公園に接する小さな町、多度津。多度郡に港を意味する「津」を合わせたのが地名の由来で、その名が示すとおり古くから港を中心として発展してきた町である。江戸時代は北前船の寄港地だったことから廻船業が興隆。また、金比羅参詣の玄関口だったことから金比羅参詣船も出入りして、町は多くの商人や観光客でにぎわった。なかでも港に近い東浜、西浜地区には商店や旅館が軒を連ねて一大繁華街となり、金比羅街道筋である本通りには商家街ができた。多くの廻船問屋が覇を競うかのように仕事を広げ、なかでも有力な商人七家は多度津七福人と呼ばれた。弘化四（一八四七）年に刊行された「金毘羅参詣名図絵」にも「多度津の湊」として次のように記されている。

――此の津は、円亀に続きての繁盛地なり。原来《もとより》波瑭《はとう》の構へよく、入船の便利よきが故に港に泊る船夥しく、浜辺には船宿、旅籠屋建てつづき、或いは岸に上酒、煮売りの出店、饂飩、蕎麦の担売、甘酒、餅菓子など商ふ者往来たゆる事なく、其のほか商人、船大工等ありて、平生に賑わし。——

港町としての歴史を刻んできた多度津だが、江戸時代には城下町としての顔ももつようになる。元禄七（一六九四）年、京極家が入部して多度津藩を創設し、多度津一万石の城下町となった。当初藩主は丸亀藩の丸亀城内の居城で行政を行なっていたが、文政十（一八二七）年に四代藩主が陣屋を築き、明治維新まで藩政の中心となった。陣屋の敷地はおよそ六千六百坪におよび、その後の多度津の町の発展に大きく貢献した。

往時の面影は町のあちこちに残っており、本通一丁目と二丁目や東浜といった旧金毘羅街道沿いには、古い町並みが広がり、商家の大きな建物も目立つ。かつて陣屋があった家中《かちゅう》地域には、昔の町割りがそのまま残り、通り沿いには武家屋敷が点在している。港から吹いてくる風とともに、そぞろ歩きをすれば、江戸時代の多度津の町が目の前に広がっているかのような錯覚に陥る。

明治に入り、時代は海上交通から陸上交通の時代へ。その流れの中で金毘羅参詣客の輸送を目的に、多度津を起点として丸亀・琴平に至る讃岐鉄道株式会社がつくられ、そこから四国の鉄道網は整備されていった。いわば、多度津は四国の鉄道発祥の地といえるのである。

それぞれの時代の節目に大きな役割を果たしてきた多度津。人口約二万の小さな町だが、その歴史と歩みは決して小さくはない。

古い家屋が点在する本町通り

本町通りに残る古い酒造店

かつての銭湯を改装した芸術喫茶清水温泉

本町地区に多い平入り黒漆喰塗の商家

上／街を見守るように立つ経納山の二重の塔
下／弘法大師が開山したといわれる海岸寺

多度津町立資料館
住所：仲多度郡多度津町家中1-6
電話：087-733-3343
開館時間：9:00～17:00（入館は16:30まで）
定休：月曜日（祝日の場合は翌日）、国民の祝日の翌日、年末年始
入館料：無料

名画名作の舞台を訪ねて

『八日目の蟬』（小豆郡小豆島）

小説　角田光代著（二〇〇七年）
映画　成島出監督（二〇一一年）

島の多彩な風景の中で描かれた哀しくも美しいストーリー

角田光代のベストセラー小説を映像化した作品。小説自体も多くの人に読まれたが、映画もまた大ヒット。二〇一二年の第三十五回日本アカデミー賞では、作品賞をはじめ十冠を獲得した。

妻子ある男と愛し合って子どもを身ごもりながら、すべてをあきらめざるをえなかった主人公・希和子（永作博美）。彼女は男の妻が子供を産んだことを知り、突発的にその子を連れ去り逃亡してしまう。各地を転々とした後、小豆島に流れ着き、母と娘（井上真央）として暮らしはじめる。だが、そんなおだやかな時間は長く続かず、希和子は逮捕されてしまう。それから

中山千枚田
伝統行事「虫送り」の舞台となった棚田。ここで撮られた主人公希和子と薫の写真が新聞に載り、希和子の居場所が知られてしまう。

十数年たち、大人になった薫は、母との思い出の地、小豆島にやってくる。二人にとって人生最良の時間だった四年余りを愛しむように、薫は島をめぐるのだった。

母性をテーマに、それぞれが抱える複雑な思いを、丹念に情熱的に描いた傑作。技量の高い俳優陣に加え、小豆島の美しい自然が観る者の心を打つ。映画に切り取られた小豆島のロケ地はいまも撮影当時のままに残っており、ロケ地巡りのために多くの観光客が足を運んでいる。

中山農村歌舞伎舞台
希和子と薫が芝居見物をした農村歌舞伎。毎年秋に上演され、大勢の観客でにぎわう。

二十四の瞳映画村の木造校舎
希和子と薫が「学校ごっこ」をして遊んだ教室。薫を学校に行かせてやれない希和子が誰もいない時間に薫と一緒に訪れた。

生里《なまり》（三豊市詫間町生里）

浦島太郎伝説が残る美しい海里《うみさと》

香川県北西部、瀬戸内海にちょこんと突き出た半島がある。荘内《しょうない》半島あるいは三崎半島と呼ばれるこの半島は、浦島太郎伝説が残る地として知られている。そもそも、この半島と近くにあるいくつかの島々は、総称してかつては浦島と呼ばれていたという。室町幕府三代将軍足利義満が、広島の厳島神社参詣の折、この半島に立ち寄り「へだてゆく　八重の汐路の浦島や　箱の三崎の名こそしるけれ」という歌を詠んだといわれ、浦島と呼ばれていたことはかなり信憑性が高いと思われる。

そのほかにも、太郎がカメを助けたとされる浜辺「鴨之越《かものこし》」や、太郎が玉手箱を開けた時に立ち上った白煙が紫の雲となってかかった「紫雲出山《しうでやま》」、そして太郎が玉手箱を開けた場所で太郎親子の墓がある「箱《はこ》」など、あらゆるところに太郎伝説を裏付けるかのような地名や名称が残っている。

なかでも白眉は、太郎が生まれたという伝説をそのまま地名に残している生里だろうか。実際に足を運んでみると、その穏やかな海に抱かれた鄙びた漁村風景に、さもありなんと思えてくる。

生里はいま過疎化が進み、百数十人ほどの人々が暮らしているだけである。家も空き家が目立ち、漁師町特有の木板の壁を設えた茶褐色の家が建ち並ぶ路地にはほとんど人影はない。だが、入江の海に出れば、そこには波に静かに揺れる何隻かの漁船があり、この集落がまだ生きていることを教えてくれる。

それにしてもなんという海の青さだろう。遠浅で透明度の高い浜は、季節や時間によってさまざまな表情を見せる。特に夕暮れの風景は絶景として人気を集めているらしい。港のそばで出会った高齢の女性は、そのおだやかで美しい海があるから、この村を離れることはできないと話していた。

休日ともなれば、生里の海は多くの釣り客でにぎわいをみせる。アオリイカ、タチウオ、メバルなど、一年を通してさまざまな魚が釣れるので、西讃地方の釣りのメッカとなっている。かつて人気を博した映画「釣りバカ日誌」のロケ地となったこともあり、生里の美しい風景は、映画フィルムにしっかりと刻まれている。

玉手箱をあけた浦島太郎は、白煙につつまれて老人になってしまう。その後のことを知っている人はあまりいないかもしれないが、老翁となった太郎はやさしく慈悲深き老人として荘内半島で余生を送ったらしい。生里地区にある仁老浜《にろはま》がその地だといわれている。

浦島太郎がカメを助けたという伝説が残る「鴨之越」

★生里への行き方
高松自動車道三豊鳥坂ICより車で約30分
JR予讃線詫間駅からバスで約30分大浜下車

三豊市詫間町民俗資料館・考古館
住所：三豊市詫間町詫間1328-10
電話：087-583-6858
開館時間：9:00〜17:00（入館は16:30まで）
定休：月曜日（祝日の場合は翌日）
料金：小学生50円、中高生70円、一般100円

高松ライオン通商店街（高松市片原町・百間町ほか）

旅行者にこそおすすめしたい 飲食店が中心の元気な商店街

四国の玄関口である高松は、商店街が多いことでも知られる。市街の中心部にある商店街を総称して高松中央商店街と呼ばれるが、これらのアーケードの総延長は二・七キロメートルとなり、日本一の長さを誇る。

それぞれの商店街に特色があり、ぶらぶら歩いていても飽きない。飲食店が多く、昼も夜も人通りが絶えないのがライオン通商店街だ。かつてこの通りにあった洋画系映画館の「ライオンカン」が名前の由来だという。ライオンカンはサーカス団のライオンからきており、実際に映画館にライオンが展示されていたこともあるそうだ。今は、アーケードに描かれたライオンのマスコットが道行く人々を見守っている。

わが町自慢の市場食堂

おけいちゃん（高松市瀬戸内町30）

瀬戸内の魚をシンプルな朝ごはんで

高松市中央卸売市場にある「うみまち商店街」は、業者だけではなく誰でも利用できる飲食店、食品卸が立ち並ぶ商店街だ。市場で働くプロ御用達の調味料店から昭和レトロな喫茶店まで様々な店舗が集まっている。

なかでも「朝仕入れた魚を使った料理」が評判で、漁師さんや市場で働く方からの支持が厚いのが昔ながらの食堂、おけいちゃん。朝六時から営業しているので、早朝の市場の独特の雰囲気を感じながら朝ごはんを味わってみてほしい。

営業時間
6時～13時
水曜・日曜・祝日休

仁《に》尾《お》（三豊市仁尾町）

海上交易と製塩業で栄えた町

香川県西部、いわゆる西讃《せいさん》地域の商工業の一大中心地として栄えた歴史を持つのが三豊市の仁尾である。中世から瀬戸内の海上交易の拠点となり「千石船を見たけりゃ仁尾へ来い」と言われるほどのにぎわいを見せたといわれる。江戸時代には、四国でも有数の名家である塩田家の塩田《しおた》忠左衛門《ちゅうざえもん》が製塩業を興し、長く仁尾の町を支えた。江戸時代後期には多くの豪商が生まれ、大店が軒を連ねる仁尾の町は大いに活況を呈していたという。しかし、明治時代になると豪商たちは次々と没落し、残念ながら現在の仁尾にその繁栄の軌跡を見ることはできない。唯一、寛保元（一七四一）年創業、県内最古、約二百八十年の歴史を誇る中橋造酢の建物がほぼ往時のままに残り、繁栄の歴史を今に伝えている。現在もこの醸造所で造られている仁尾酢は、香川県を代表する銘品のひとつとして知られている。

大きな通りを町の中心部に向かって歩いていくと、覚城院《かくじょういん》という寺がある。寺のある場所は少し高台になっており、高く積み上げられた石垣が印象的だ。それもそのはず、この寺がある場所は、かつて仁尾城があったところなのである。

仁尾城とは戦国時代に細川頼弘《よりひろ》によって築城された城だったが、一五七〇年代に四国統一を目指していた土佐の長宗我部氏に攻められて陥落してしまった。その城跡に移築されたのがこの覚城院である。しかし、この寺も移築して百年後に焼失。現在残っているのは再建されたものだ。

仁尾町の東、城山の上にあるこの寺からは、仁尾の町並みが一望できる。昔ながらの瓦屋根が連なる風景は味わい深く、見るものに郷愁を感じさせる。それにしてもよくこれだけ古い家屋が残ったものだと感心する。聞けば、この地で製塩業を始めた塩田忠左衛門が、鉄道敷設の機運が高まった時、「この町に鉄道はいらない」と言ったことで鉄道が見送られた。そのおかげで仁尾は開発の波に飲まれることなく、古き良き風情を残すことができたのだろう。

この美しい町並みとともに、仁尾町の宝ともいえるのが「仁尾八朔《はっさく》人形祭り」である。この祭りは旧暦の八月一日（八朔）に合わせて、子供の成長を願う祭りで、町中の家々の軒先に人形が飾られる。壮観かつ華やかな祭りだ。実はこの祭りは、仁尾城が陥落した日が三月三日だったため、本来なら雛祭りが行われる日だったが、陥落の日にお祝いはできないので、お祝いする日を八月一日に変えたのが始まりといわれている。風情ある町の景観はもとより、町の歴史もしっかりと継承されている。

仁尾酢を醸造する中橋造酢の工場

かつて仁尾城があった場所にある覚城院

境内に残る覚城院鐘楼

仁尾城の面影を今に伝える見事な石垣

覚城院から見た仁尾の古い町並み

三豊市観光交流局
住所：三豊市詫間町松崎1642-2
電話：087-556-5880
営業時間：8:30～17:00
定休：火曜日（祝日の場合変動あり）

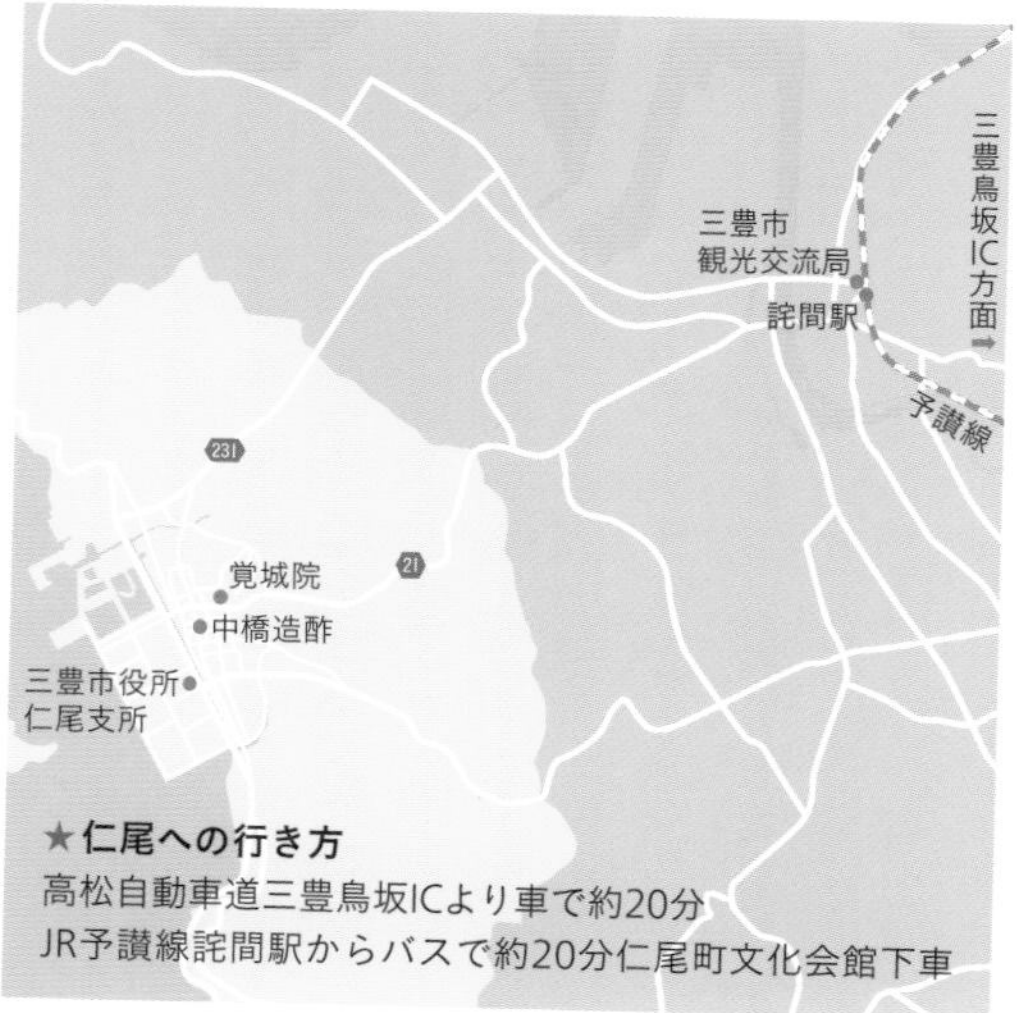

★仁尾への行き方
高松自動車道三豊鳥坂ICより車で約20分
JR予讃線詫間駅からバスで約20分仁尾町文化会館下車

おすすめランチ

●チキンステーキランチ

塩田産業にルーツを持ち、現在はにがりを生産している会社が営むカフェ。古い工場をリノベーションしたお店はレトロモダン。写真は瀬戸内産塩とレモンを使ったチキンステーキ。6つの豆腐を使った「にがり衛門の豆腐ランチ」もおすすめだ。

「Cafe にがり衛門」
三豊市仁尾町仁尾辛1

仁尾竜まつり（におりゅうまつり）

竜は雨雲を操り水を司るといわれるが、江戸中期頃、仁尾一帯が干ばつに見舞われ苦しんでいた際に、愛媛の山中まで水を汲みに行き、修験者に雨乞い祈祷をお願いしたところ雨が降ったという出来事をきっかけに誕生したのが仁尾竜まつりだ。太鼓の演奏で、雨を呼ぶ雷の音を打ち鳴らし祭りがはじまる。わらと竹で作られた巨大な竜が登場すると、掛け声に合わせて合計十トンにもなるという水が沿道の見物客から容赦なくかけられる。竜の重量はだんだんと重さを増し、担ぎ手を苦しめるほどに、祭りは盛り上がりを見せる。

写真提供：仁尾竜まつり実行委員会

開催時期 毎年8月第1土曜
開催場所 三豊市仁尾町仁尾

丸亀市塩飽本島町笠島（港町）

昭和60年4月13日選定

本土と四国のちょうど間に浮かぶ塩飽《しわく》本島。江戸時代には塩飽勤番所が置かれるなど塩飽諸島の中心として塩飽領を統治していた。そのため当時の繁栄をおもわせる古い町並みが多く残されており、中でも塩飽水軍の拠点として開かれた港町である笠島エリアは、漆喰の白壁、千本格子窓、虫籠窓など貴重な建築が美しい状態で保存されている。瀬戸内の自然の魅力も相まって、独特の風情を醸している。

笠島まち並保存センターとして活用されている「眞木邸」、ふれあいの館の「旧真木邸」、ふるい文書が絵図が展示されている「藤井邸」など、見どころが多い。

愛媛

伊予小島
三津浜
三津浜商店街
松山市
正岡子規生家
内子町八日市護国
砥部
浪漫八橋
どーや食堂
狩浜
西予市宇和町卯之町
岩松
外泊集落

伊予小島《おしま》（今治市来島小島）

日露戦争に備えた「芸予要塞」が当時のままに残る島

小島は、今治市の来島海峡に浮かぶ、周囲四キロほどの文字通り小さな島である。今治の波止浜港から船で十分、船旅を楽しむほどの時間はなく、あっという間に到着する。一日十便運行しているそうだが、この日の乗客は我々四人と郵便局の職員二人のみ。帰りも同じ人数だった。

ここ小島には、日本が日露戦争に備えて、ロシア海軍の進攻を防ぐために築いた要塞が当時のまま残っている。「芸予要塞」と呼ばれるこの施設は、明治二十二年から二年間で、当時三十万円という巨費を投じて砲台や弾薬庫、兵舎などが作られたものである。だが明治三十八年九月、日露戦争は我が国の勝利に終わり、小島の砲台は一度も使用されることなく廃止処分となった。

船を降りると、桟橋のすぐ左手に原寸大の大砲のレプリカが置かれている。ＮＨＫで二〇〇九年から二〇一一年にかけて放送された「坂の上の雲」で使われた二十八センチ榴弾砲で、撮影が終わった後、今治市が譲り受けてここに設置したという。

海岸に沿って少し歩くと、小島の集落に入る。小島は古来無人島だったが、元禄時代に隣の来島から数世帯が移り住んで開拓した。島民は全て来島の村上水軍の末裔と言われる。路地の左右に民家が建ち並び、けっこう大きな集落に見えるが、よく見ると居住している家はほんの僅かで、大半が空き家である。しばらく散策したが、ほとんど住民に出会うことはなかった。

昭和四十年代、残された芸予要塞を観光資源にしようという気運が芽生え、桟橋から要塞跡への道路が整備されて遊歩道となり、両側に二千五百本の椿が植えられた。今も地元のボランティアの手で清掃や草刈り等が続けられていて、船着場には各砲台への案内板が設置され、遊歩道は椿の並木道になっている。私たちが訪れたのは四月で、もうあまり花はなく、僅かに赤い花びらがそこかしこに落ちている程度だったが、開花シーズンには遊歩道全体が真っ赤に彩られてさぞ壮観だろうと思った。

要塞の主な見どころは、探照灯跡、発電所跡、南部砲台跡、弾薬庫跡、中部砲台跡、北部砲台跡などで、それらがほぼ島の東半分に残っている。どれもほとんど使われなかったせいか新品同様で、今でも充分使えそうである。全部を見て回れば約二時間～二時間半くらい。かなり見応えがあり、訪れる価値はあると思う。

だが、集落の住民は現在わずか九人で九十歳代が三人とのこと。いつまで人の住む島でいられるのか、非常に心配な状況である。

NHKドラマ『坂の上の雲』の撮影用に作られた28cm榴弾砲のレプリカ。当時の資料をもとに忠実に再現されている

小島の住民はすべて村上水軍の末裔と伝えられる

中部砲台跡。榴弾砲の砲座は直径3.5mで360度旋回できた

南部砲台跡。ここには12cmカノン砲2門が設置されていた

弾薬庫跡。建物には広島産の上質な赤煉瓦が使われている

地下兵舎跡

兵舎の内部

おすすめランチ

●手ごねハンバーグ

しまなみ海道サイクリングの拠点となるサンライズ糸山の中にある「風のレストラン」。来島海峡を望む巨大なガラス窓を備えたおしゃれな内装で、ピザ、パスタ、ステーキやパエリアが味わえる本格的な洋食レストランだ。

「風のレストラン」
今治市砂場町2-8-1 サンライズ糸山2F

緑のトンネルが続く遊歩道

★伊予小島への行き方
今治の波止浜観光港からフェリーで約10分

三津浜（松山市三津ほか）

五百年続く渡し船に見る、港町三津浜のふところ深さ

松山市には、堀江港、和気港、高浜港など多くの港があるが、中で最も古くから開かれ、明治維新まで松山の海の玄関口としての役割を果たしてきたのが三津浜港である。町には明治・大正時代の商家、銀行、医院などの西洋風建築や富豪の邸宅などが数多く残っていて、豊かで華やかなりし往時の面影を今にとどめている。

かつて夏目漱石が、中学教師として松山に赴任した際に上陸したのも三津浜港で、『坊っちゃん』の舞台にもなっている。漱石は三津の港に降り立って、ここからマッチ箱のような列車（坊っちゃん列車）に乗った、と書いている。漱石の時代、三津と松山の間を走っていたのは、伊予鉄道の蒸気機関車だ。三津の町には駅が二つある。JRの三津浜駅と漱石が乗った伊予鉄高浜線の三津駅である。伊予鉄三津駅は四国で最初に開設された鉄道駅の一つで、昔ながらの風情の残る三津の町並みを歩くなら、この三津駅から駅前の商店街をまっすぐ進んで三津浜港まで歩くのがお勧めだ。

ちなみに明治からあった三津駅の駅舎は、二〇〇九年に惜しまれつつ新しい駅舎に生まれ変わった。新駅舎は旧駅舎にそっくりな形に作られているが、もちろん旧駅舎にあった渋い味わい深さは、残念ながらない。だが駅舎の中には、ちょっとレトロな感じの喫茶店が併設されている。以前は三津の商店街にあった店で、人なつこいママが手作り感満載のふわふわで美味しいケーキを出してくれる。

三津の商店街は歴史が古く、昔ながらの店もけっこう残っているが、シャッターが閉まったままの店も多い。一方で個性的なおしゃれな店がポツポツと開店していて、目下再生途上、といった感じ。まだまだこれから活気を取り戻しそうな商店街である。

最後にひとつ紹介したいのは「三津の渡し」である。三津と対岸の港山間の八十メートルを結ぶこの渡し船は、約五百年前、室町時代から運航されており、今も住民や観光客の貴重な足になっている。昔は手漕ぎの木造船だったが、昭和四十九年にエンジン付きの鋼船になった。市営でなんと利用は無料。今も二隻が年中無休で運航している。乗船時間が二〜三分と短いため、船着場に一人でも姿を見せると、その都度船頭さんは船を動かす。気のいい船頭さんたちで、私たちが「船に乗りにきただけで、向こう岸に用はないんですけど」と言うと、「ああ、いいよ」と言って対岸には接岸せず、ぐるりと船を旋回して三津に戻ってきてくれた。最近は利用者が減ってきており、一時は民間への委託の話もあったそうだが、地元の人たちの反対で立ち消えになったそうだ。

いつまでも続いてほしい、とっておきの三津浜の風物詩である。

江戸期から昭和にかけての古い建物が数多く残る「旧銀行通り」

あちこちで見かける三津名物の壁画アート。「三津の渡し」を描いたものが多い

三津浜と対岸の港山を結ぶ市営の渡し船「三津の渡し」
室町時代から500年続く、住民の貴重な足だ

CAIENDO
営業中

★三津浜への行き方
松山自動車道松山ICより車で約30分
伊予鉄道三津駅より徒歩で約10分

みつはまレトロ（案内所）
住所：松山市住吉1-5-6
電話：089-951-1229
開館時間：10:00〜16:30
定休：水曜日

上／伊予鉄高浜線三津駅の新しい駅舎。旧駅舎そっくりに建てられている
下／駅舎内の喫茶店では美味しいケーキが食べられる

ノスタルジック商店街

三津浜商店街（松山市住吉）

懐かしさと新しさが交わるおしゃれな商店街

夏目漱石の『坊っちゃん』にも登場する三津浜の町。早くから軍港として整備されたことから近代化の波にさらされてきたが、時代が移り、移動手段も船から列車、車、飛行機と変化するにつれて、町にはシャッターが目立つようになっていった。

ところが近年は三津の魅力に惹かれた若者が移住するようになり、彼らが営むお店が商店街でも目につくようになってきた。古民家をリノベーションした喫茶店や雑貨屋さんと、旧医院などの歴史的な建物、昔ながらの洋品店が並ぶ通りは、他にはない魅力を放ち始めている。

楠原金物店
3M
3M

高本
たばこ

著名人の生家を訪ねて

正岡子規生家（子規堂）

自らをホトトギスにたとえた、明治を代表する文学者

正岡家の菩提寺である正宗寺の境内に、子規が十七歳まで暮らした家を復元したのが「子規堂」である。内部には子規の直筆原稿や遺品が展示してあり、また勉強部屋や愛用の机なども見ることができる、全国の子規ファンが訪れる聖地だ。子規堂の正面には、夏目漱石が小説の中で「マッチ箱のような汽車」と評した、通称「坊っちゃん列車」の客車も展示されている。

　正岡子規（本名・正岡常規《つねのり》）は、伊予国の藤原新町（現在の松山市花園町）に松山藩士の長男として生まれた。明治十六年に上京し、最初は政治家志望だったが、やがて文学に目覚める。明治二十五年に俳句論「獺祭書屋《だっさいしょおく》俳話《はいわ》」の連載を始めて注目されるが、明治二十八年、日清戦争従軍後、帰国途中に喀血、以後長い病床生活に入る。だが文学活動は益々活発になり、翌二十九年

には三千以上の俳句を残した。ちなみに画号の「子規」とは「ホトトギス」の異称で、結核を病んで喀血した自分自身を、鳴いて血を吐くといわれるホトトギスにたとえたもの。

余談だが、子規は日本に野球が導入された頃からの熱心な野球選手で、「バッター」「ランナー」「フォアボール」「ストレート」「フライ」などの外来語を「打者」「走者」「四球」「直球」「飛球」のように翻訳したことでも知られる。

明治三十五年九月十九日、脊椎カリエスで死去。三十四歳の若さだった。

住所　松山市末広町16-3
観覧料　大人50円
入館時間　9：00～17：00（最終入館16：40）
休館　なし

砥部《とべ》（伊予郡砥部町）

百あまりの窯元が現存する、四国きっての焼き物の町

砥部町は愛媛県のちょうど真ん中あたりに位置する、豊かな自然に包まれた静かな山里の町である。奈良・平安時代から砥石を産出し、「伊予砥」の名で知られていた。砥石は刃物などの研磨に使われる石だが、その砥石が砥部焼誕生のきっかけとなった。

江戸時代、砥部が属していた大洲藩では、砥石の生産で栄える一方で、切り出し時に出る大量の石くずの処理に頭を悩ませていた。そんな折、これが焼き物の材料になるという噂を耳にし、もしそれが可能なら石屑が処理できる上に藩の財政も豊かになる、一石二鳥ではないかということになり、早速村人に磁器作りを命じた。が、のちに砥部では砥石だけでなく質の良い陶石も採れることがわかり、陶石を使った磁器が砥部焼として定着していった。

代表的な砥部焼は、滑らかな白磁に透明感のある呉須ブルーと呼ばれる藍色をほど

こしたデザインが特徴で、丸みを帯びたフォルムとぽってりとした質感が魅力の磁器だ。四国を代表する焼き物で、おとなり香川県の讃岐うどんの器にもよく使われている。この、特徴的な白地に藍の砥部焼を生み出したのは、杉野丈助《じょうすけ》という人物。藩主の命を受けて磁器作りを始め、苦労の末、安永六（一七七七）年に白磁の焼き上げに成功した。砥部焼の始まりである。そしてその後も技術改良を重ね、愛媛の伝統工芸として定着し、現在は百あまりの窯元が営業している。

これらの窯元は砥部町全体に幅広く分布していて、窯元めぐりはかなり広範囲にわたるが、のんびりとした里山風景を楽しみながらの散策はなかなかに楽しい。愛媛の県民性もあって、どこの窯元も訪れる客をフレンドリーに暖かく迎えてくれる。作業場を見せてもらったり、オーナーや職人さんと会話したりしながらその窯元ならではの作品を見ていると、必ずと言っていいほど、お気に入りの器が向こうから目に飛び込んでくるから不思議である。

砥部では、特に目的を定めずぶらぶらと窯元を覗きながら歩くのも楽しいが、百軒の窯元を効率よく回るのは至難の業なので、砥部焼陶芸館や伝統産業会館でもらえる「砥部焼窯元めぐり帖」を入手すると便利だ。陶器を焼いていた初期の古い窯跡は中央部の北川毛、大南地区にあり、磁器時代に入ってからの窯元は五本松地区に有名なものがある。他にも町内の各地に点在しているが、数多くの窯元が集中しているのは大南地区、五本松地区なので、絞り込むならこの二地区がおすすめである。

砥部に現存する古い窯元・梅山窯。明治15年開窯で130年以上の歴史を持つ

POST CARD

料金受取人払郵便

小石川局承認

7741

差出有効期間
2025年
6月30日まで
(切手不要)

112-8790
127

東京都文京区千石4-39-17

株式会社　産業編集センター
出版部　行

★この度はご購読をありがとうございました。
お預かりした個人情報は、今後の本作りの参考にさせていただきます。
お客様の個人情報は法律で定められている場合を除き、ご本人の同意を得ず第三者に提供することはありません。また、個人情報管理の業務委託はいたしません。詳細につきましては、「個人情報問合せ窓口」(TEL：03-5395-5311〈平日 10:00 ～ 17:00〉)にお問い合わせいただくか「個人情報の取り扱いについて」(http://www.shc.co.jp/company/privacy/)をご確認ください。

※上記ご確認いただき、ご承諾いただける方は下記にご記入の上、ご送付ください。

株式会社 産業編集センター　個人情報保護管理者

氏名《ふりがな》

(男・女／　　　歳)

ご住所　〒

TEL：

E-mail：

新刊情報をDM・メールなどでご案内してもよろしいですか？	□可　□不可
ご感想を広告などに使用してもよろしいですか？	□実名で可　□匿名で可　□不可

ご購入ありがとうございました。ぜひご意見をお聞かせください。

■ お買い上げいただいた本のタイトル

ご購入日：　　　　年　　月　　日　　書店名：

■ 本書をどうやってお知りになりましたか？

□ 書店で実物を見て
□ 新聞・雑誌・ウェブサイト（媒体名　　　　　　　　　　　　　　）
□ テレビ・ラジオ（番組名　　　　　　　　　　　　　　）
□ その他（　　　　　　　　　　　　　　）

■ お買い求めの動機を教えてください（複数回答可）

□ タイトル　□ 著者　□ 帯　□ 装丁　□ テーマ　□ 内容　□ 広告・書評
□ その他（　　　　　　　　　　　　　　）

■ 本書へのご意見・ご感想をお聞かせください

■ よくご覧になる新聞、雑誌、ウェブサイト、テレビ、
よくお聞きになるラジオなどを教えてください

■ ご興味をお持ちのテーマや人物などを教えてください

ご記入ありがとうございました。

砥部は自然に包まれた静かな山里にある。

砥部の土を生かした白磁器の窯元・八瑞窯《はちずいがま》。砥部焼で一番大きな器を作ることで知られる

おすすめランチ

●窯焼き本格ピッツァ

こだわりの生地を自慢のイタリア製の薪窯で焼き上げる本格的なピッツェリア。定番の味から、旬の野菜や食材を使ったオリジナルまで種類は豊富。店名は39と書いてイタリア語読みの「トレンタノーヴェ」。イタリアの国識別番号だ。

「**pizzeria 39**」
伊予郡砥部町重光147-1

全長500mの道の至る所に砥部焼の陶板が敷き込まれた「陶板の道」

★砥部への行き方
松山自動車道松山ICより車で約15分

砥部焼伝統産業会館
住所：伊予郡砥部町大南335
電話：089-962-6600
営業時間：9:00～17:00
入館料：小・中学生100円、高校・大学生および65歳以上200円、大人300円（団体割引あり）
定休：月曜日（祝日の場合は翌日）、12/29～1/1

コラム

伊予の小京都・大洲の稀観

珍しい八つの屋根付き橋「浪漫八橋」

大洲市河辺町には、明治・大正・昭和・平成の四時代にわたって架けられてきた、屋根の付いた橋がある。御幸の橋・三嶋橋・豊年橋・帯江橋・龍神橋・ふれあい橋・龍王橋・秋滝橋の八つ。「浪漫八橋」と名付けられた、全国でも珍しい屋根付きのこれらの橋は、「雨の日でも、せめて橋の上だけでも雨露を凌げるように」という先人の知恵と歩行者への思いやりから生まれたもの。実用性だけでなく眺めの美しさも兼ね備えたその姿は、名前の通り、懐かしさとロマンを感じさせてくれる。

八つの橋は比較的狭い範囲に集まっているので、時間に余裕があれば一度に全部を見て回ることができる。すぐに目に飛び込んでくる橋もあれば、ちょっと裏道へ入って探さなければ見つけられない橋もあり、またそれぞれが屋根のフォルムも橋の姿も全く違っていて、見つけるたびに新たな驚きと感動がある。

山間の緑深い自然環境の中、隠された宝物のような小さな橋を探して歩く旅もまたオツなものである。

三嶋橋

帯江橋

龍王橋

秋滝橋

ふれあい橋

御幸の橋

豊年橋

狩《かり》浜《はま》（西予市明浜町狩浜）

段畑散策三キロのコース、歩く価値はあります。

　西予市の南西部に位置する明浜町は、宇和海に面し、入り組んだリアス式海岸が東西約十四キロにもわたって続いている。中でもこの狩浜は、地区全体が宇和海に面していて、集落の後ろにはすぐ近くまで山々が迫り、平地は極端に少ない。民家は海に沿った細く狭い平地に密集して建ち並び、耕地は背後の山の斜面に階段状に広がっている。これらは段畑と呼ばれ、山のてっぺんまで続く畑と石垣の連続は、文字通り「耕して天に至る」絶景を成している。

　宇和海沿岸の段畑の石は地域により違うが、狩浜の段畑は地元産出の石灰岩で築かれている。抜けるような青空の下、幾重にも連なる灰白色の石垣が緑の中に見え隠れする自然の原色のコントラストは、他では見られない独特な光景だ。江戸時代より半農半漁の暮らしが続き、現在も漁業では真珠や魚類の養殖業とシラス漁が行われている。海には真珠の養殖筏が浮かび、浜にはシラスを干す干し場が点在する。段畑は江

戸時代、自給用の芋や麦を栽培していたが、明治に養蚕が始まると、桑を植える畑になった。その後、昭和三十年代からはみかん栽培が盛んになり、現在では県内有数のみかんの産地となっている。狩浜は、段畑だけでなく集落も昔ながらの家並みが残っていて、ノスタルジックな雰囲気が漂っている。集落内には狭い路地が通っていて、家屋は大体南に面して建てられている。ほとんどの家が主屋の他に付属屋を建てているのもここの特徴で、作物倉や養蚕、みかん小屋などに使われているようだ。

集落をひと通り歩くと、すぐに段畑の山に登る道が始まる。平成三十一年に狩浜全域が「宇和海狩浜の段畑と農漁村景観」として選定され、段畑を訪れる観光客が急増。海岸沿いの狩江公民館に来訪者用の駐車場が用意され、段畑散策コースの案内標識も建てられた。愛媛県には段畑が数多くあるが、ここ狩浜のように遊歩道が設置され、散策コースが作られているスポットはそう多くない。散策コースは徒歩で約三キロ。この図に従って歩けばスムーズに段畑に辿り着けるので、ぜひ利用されると良いと思う。

狩浜の段畑は標高二百メートル前後まで、約百三十ヘクタールにわたって築かれており、中には百段を超える斜面もあるという。各畑は奥行き三メートル前後で段を作り、両脇に水路を通す。石垣の高さは大体一メートルほど。水路の脇や段畑内には、集落から各家の畑へ行くための共通の通路や階段が設けられている。集落側から見上げる段畑はもちろん圧巻だが、段畑の上から見る海と集落の景色も負けずに素晴らしい。山道はちょっときついが、三キロ歩く価値はあります、とお約束しよう。

海岸から山に向かって集落が開ける

標高200mの山の頂上まで続く段畑

段畑から見下ろす集落と漁港

入り組んだリアス式海岸の海は、鏡のように静かだ

狩浜は県内有数のみかんの産地

★狩浜への行き方
松山自動車道西予宇和ICから車で約30分

西予市明浜 歴史民俗資料館
住所：西予市明浜町高山甲461-1
電話：089-462-6415
開館時間：土・日曜日、祝日 9:00〜17:00（平日の見学は要予約）
入館料：一般200円、高校・大学生100円、中学生以下無料
定休：月曜日（祝日の場合は翌日）、年末年始

おすすめランチ

●あけはましらすビックリ丼
宿泊や入浴施設も併設する観光交流施設「あけはまーれ」の中にあるレストラン。海鮮を中心に豊富なメニューを取り揃え、明浜の恵みを存分に味わえる。通常のしらす丼よりさらにたっぷりのしらすと温泉卵がついた「あけはましらすビックリ丼」がおすすめだ。

「あけはまーれ」
西予市明浜町甲461-1

わが町自慢の市場食堂

どーや食堂（八幡浜市沖新田1581－23）

威勢のいい掛け声が飛び交う活気ある市場の直営食堂

水揚げされる魚の種類は四百〜五百種類という日本有数の魚の宝庫、八幡浜魚市場。そこで競り落とされた新鮮な魚をすぐに浜値で店頭販売しているのが「どーや市場」だ。鮮魚店が十店舗以上も並び、生魚、加工品、寿司などを販売している。

とれたての鮮魚を、その場ですぐに味わいたい、という人には、隣接するどーや食堂がもってこいだ。人気No.1の海鮮丼、海の幸を豊富に使った数量限定どーや丼、リーズナブルな朝定食のほか、市場で買った魚介類をバーベキューすることもできるが、こちらは予約が必要だ。

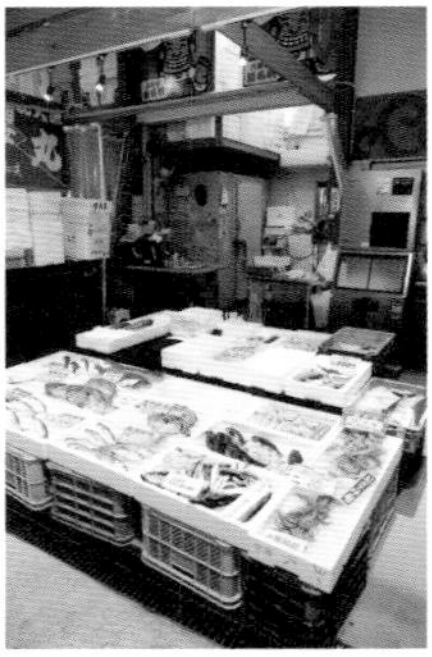

営業時間 7時～14時
（どーや市場は8時～16時）
不定休

八幡浜魚市場に水揚げされたばかりの新鮮な魚介を使った人気の海鮮丼

岩松（宇和島市津島町岩松）

今もそのまま残る、小説『てんやわんや』で描かれた町並み

昭和の文豪・獅子文六の『てんやわんや』は、昭和二十三年から二十四年にかけて毎日新聞に連載された小説である。太平洋戦争の終戦直後、妻の実家がある岩松に疎開していた時の様子を題材としている。内容は、東京暮らしの主人公がひょんなことから縁もゆかりもない伊予の地で暮らすことになった一年間の出来事を綴ったもので、当時の南予地方の人々の暮らし、人情、文化や方言などを詳細に知ることのできる貴重な小説だ。ちなみに漫才コンビの獅子てんや、瀬戸わんやは、本作から名前をとっている。文六は昭和十七年、真珠湾攻撃の九軍神の一人を描いた『海軍』で朝日文化賞を受賞したが、このことで戦後「戦争協力作家」の烙印を押され、一時追われる身となって妻の故郷岩松に身を寄せた（この追放令は一ヶ月半後に解除されている）。

当時の東京は戦争ですっかり荒廃していたが、主人公が訪れた相生町（岩松）では、貧しくとも明るく活気のある日常が繰り広げられていた（文六は、当時の岩松の町を「別

天地」と記している)。その、東京とは対照的な田舎町の様子が、興味深くまたユーモラスに描かれていて、小説は人気を博した。その舞台となった岩松の町並みは今もそのままに残り、明治から昭和にかけての建物が町の至る所に残されている。

岩松は岩松川の河口に開けた町で、川沿いの道に沿って細長く町並みが続いている。この町は、実は港町として栄えた歴史がある。江戸時代は千石船も行き来し、津島郷の物資の集散地としてにぎわっていた。しかし岩松港は河口だったため土砂の堆積で長年の間に川底がどんどん浅くなり、次第に港としての機能が失われていった。その上、陸上輸送が主流となって国道が川の対岸に造られたため、町の中心も対岸に移っていった。結果、港町岩松は時の流れに取り残され、往時と変わらぬ町並みが残ることになった。

往時の岩松は酒どころとしても知られ、最盛期には三つの蔵元があったそうだが、町の衰退とともにすべての蔵元が廃業してしまった。現在の岩松を見て、ここが昔華やかな港町だったとはちょっと信じがたいが、繁栄の時代、豪商の小西家など富裕な商家がいくつも生まれ、当時建てられた家屋が今もあちこちに残っている。エキゾチックな洋風の建物もあれば立派な旅館の看板を掲げた家もある。

時は移り、今では「てんやわんや」という言葉自体を知らない人が大半を占めるようになった。岩松のような町並みを懐かしいと感じる向きもそう多くはないだろう。しかし、日本の町の原型ともいうべき、時代に忘れ去られたようなこんな古びた町並みが、いつか消えてしまう日がこないように、と願わずにはいられない。

岩松川に沿って長く連なる岩松の町並み

岩松で最大規模の町屋のひとつ、西村邸

明治4年建築。醬油醸造の西崎本店

酒造業を営んでいた阿部邸

岩松の典型的な長屋形式の町家

新橋旅館
TEL.32-2129

米 おこめ
居村米穀店

川沿いには今も松並木が残る

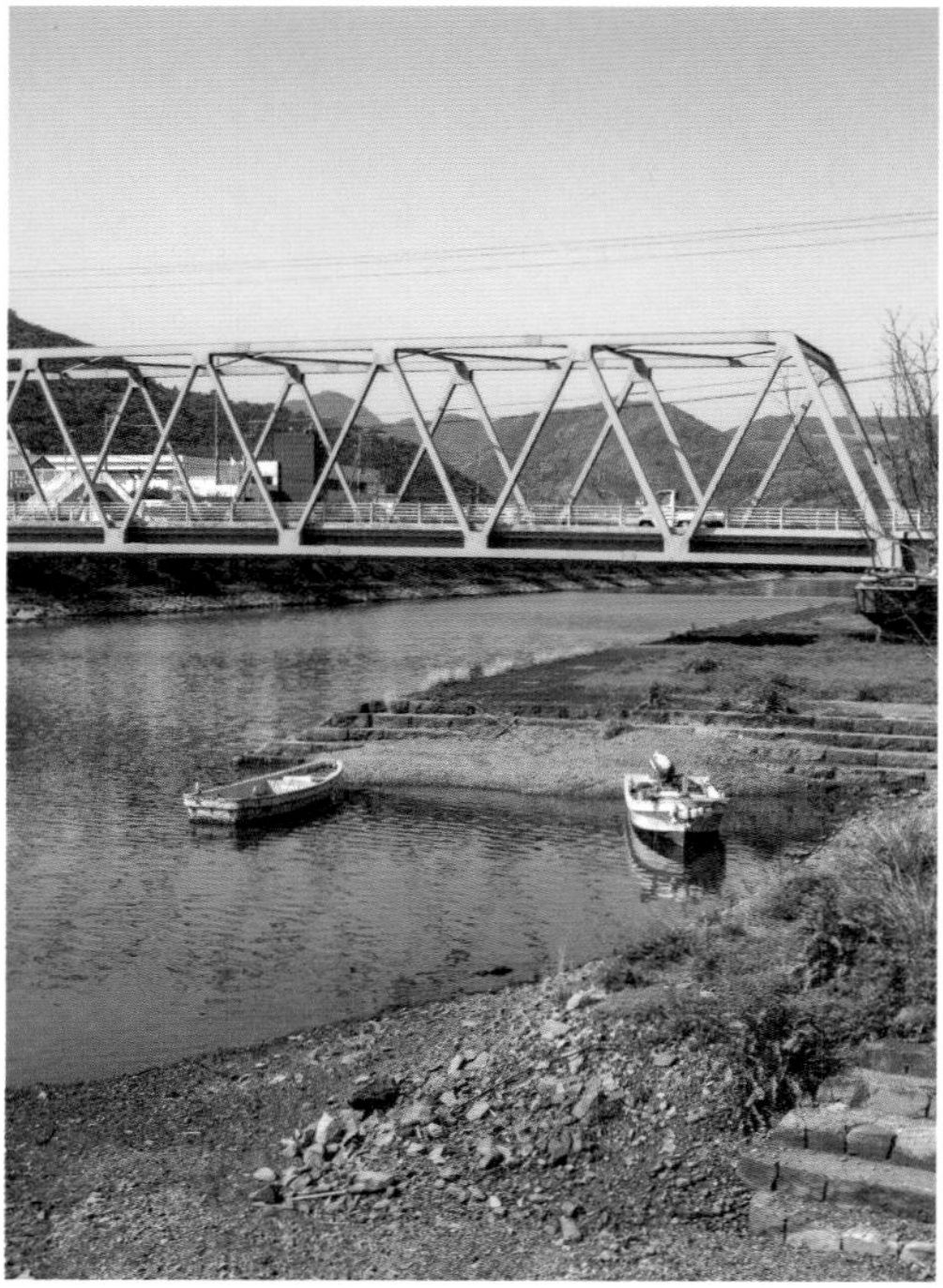

岩松の町は岩松川の流域に開けている

おすすめランチ

●おでん

創業昭和29年の老舗食堂。普段から食べているようなお馴染みのお惣菜でもひと味違う美味さはさすが。お惣菜をテイクアウトするお客さんも多い。熱々おでんは味が染み込むのに時間がかかるため、夜だけのメニューとなっている。

「ぼん平」
宇和島市丸之内4-1-22

★岩松への行き方
四国横断自動車道津島高田ICより車で約5分

祭

うわじま牛鬼まつり（うわじまうしおにまつり）

宇和島の夏を代表する祭り、うわじま牛鬼まつり。牛鬼とは牛をかたどった竹組の胴体と丸木による首で作られた山車のようなもので、全長は五～六メートルにもなる。その巨体は数十人の若衆に担がれ、竹ぼらの音色とともに町を練り歩いて家々の邪気を払う。起源は諸説あり、秀吉の朝鮮出兵の際に加藤清正が戦で使用した亀甲車（装甲車）にあるともいわれる。牛鬼は南予地方に広く伝わっていて、特に宇和島のものは規模が大きい。宇和島おどり大会、海上花火大会など盛りだくさんのまつりの花形が牛鬼の練り歩きなのだ。

開催時期　毎年7月22日23日24日
開催場所　宇和島市市内中心部
写真提供：宇和島市役所商工観光課

名画名作の舞台を訪ねて

『旅の重さ』（南宇和郡・他）

小説　素九鬼子著（一九七二年）
映画　斎藤耕一監督（一九七二年）

ひとり、四国遍路の旅を続ける思春期の少女、もう一つの主役は七十年代の四国の自然風景。

母一人子一人の暮らしの息苦しさに耐えられず、突然家を出てひとりで四国遍路を始めた思春期の少女の物語。ヒロインを演じた高橋洋子は当時十九歳、これが映画デビュー作で、輝くばかりの初々しさと可愛さ。彼女の瑞々しい魅力が、そのままこの映画の魅力になっている。

徒歩の旅を続ける主人公は、お遍路さんや旅芸人一座など、さまざまな人々との出会いを重ね、時に傷つき、泣き、時に元気づけられながら、人を愛することを知り、強く逞しい女性に成長していく――愛媛県から高知県の各地で撮影されたロードムービーで、七十

年代当時の四国の人々の暮らしや自然がバックに映し出されていて、興味深い。

　母親役には岸田今日子、行き倒れになりかけた主人公を助ける中年男・木村を高橋悦史が演じている。主役のオーディションで次点だった秋吉久美子が、小説好きの少女として出演、同じく映画デビューを飾っている。

後半の中心舞台となる愛媛県南予地方の外泊集落。石垣の村として知られる。少女はここで運命の人・木村と出会い、一緒に暮らすことになる

一度木村の家を出て行こうとした少女は、この辺りまで来て、また引き返すことになる

重要伝統的建造物群保存地区

西予市宇和町卯之町（在郷町）

平成21年12月8日選定

西予市の中心地にある卯之町は旧宇和島街道沿いにあり、江戸時代には宇和盆地の物資の集積地となったことで在郷町として栄えた。五軒の造り酒屋を中心に材木や米を扱う商家が建ち並び、往来をにぎわせたという。現在まで、江戸から昭和の各時代の建物がよく残されており、明治期建築で洋風建築の開明小学校校舎、大正期建築の協会など貴重な建物も多い。町家は妻入と平入が混在しているのが特徴で、散策していて退屈しない魅力的な町並みとなっている。

重要伝統的建造物群保存地区

内子町八日市護国（製蠟町）

昭和57年4月17日選定

内子町の八日市、護国地区には、江戸時代を思わせる建築が並ぶ古い町並みがある。宿場、在郷町として発展し、日本産のワックスといえる「木蠟」の生産で栄えた町だ。ここでは早くから町並み保存の機運が高まり、住民たちにより結成された八日市周辺町並み保存会の活動が実を結び、四国では初めて（全国では十八番目）の重伝建に選定された。依頼、「白壁と木蠟のまち」として様々な取り組みが行われ、その活動は全国的にも知られている。

お金入れ

高知

佐川
須崎
土佐久礼
久礼大正町市場
高知市
ひろめ市場
得月楼
天神橋通り商店街
岩崎弥太郎生家
安芸市土居廓中
奈半利
室戸市吉良川町
甲浦

土《と》佐《さ》久《く》礼《れ》（高岡郡中土佐町久礼）

純朴で豪放な海の男たちが生きた、漫画『土佐の一本釣り』の舞台

中土佐町の久礼は、須崎市の南、太平洋沿岸部の土佐湾が大きく湾入したリアス式海岸の、入江と山の間のわずかな平地に開けた町である。久礼の港は、中世から近世にかけて、四万十川流域を中心とした各地から集められた物資を関西方面に搬出する重要な港の一つとして発展してきた。

メインストリートの本町商店街通りは、昔は久礼の銀座通りと呼ばれていたそうで、帰港した漁師たちが気前よく金を使い、いつもにぎわっていたという。高知県最古の酒造メーカーである西岡酒造店（一七八一年創業）もここにある。現在は人通りも少なく寂しいが、通り沿いには伝統的な建築様式の古い家屋が建ち並ぶ。海のそばなのに土佐漆喰を塗り込め、水切り瓦を用い、虫籠窓を備えた建造物が多いのは、かつて上方との交易が盛んだった証だろう。

ところで、土佐久礼の港といえば、ああ、あの漫画の、と思い出す方も多いのではないだろうか。そう、ここを全国的に有名にしたのは、高知出身の漫画家・青柳裕介が、『ビッグコミック』に一九七五年から十六年の長きにわたって連載した人気漫画『土佐の一本釣り』である。

この漫画は久礼の町を舞台に、中学を卒業してカツオ船に乗った純平という少年が、土佐の海とそこに生きる荒くれた男たちに揉まれながら一人前の漁師になっていく姿を描いたもので、高知の田舎の小さな漁村で暮らす人々の、素朴で純粋で豪放磊落な生き方とその風土が実に魅力的に描かれ、人気を博した。一九八〇年と二〇一四年の二回、映画化もされている。

興味深い話がある。青柳裕介はこの連載を始めた頃から中土佐町に部屋を借り、久礼の漁師たちと酒を酌み交わし、時にはケンカもするなど、彼らの生活に溶け込んで、その日々を漫画の世界に投影していたという。だから地元の漁師に言わせれば『土佐の一本釣り』は半分はノンフィクションだとのことだ。（日本埋立浚渫協会「名作が生まれた港」より）

ここが、あの純平が泣き、笑い、懸命に生きた場所だと思って眺めると、町の風景もまた違ったものに見えてきて感慨深い。

もう一つ、久礼には近隣各地から観光客が訪れるという名物市場「久礼大正町市場」がある。ここについては次項のコラムで紹介しているのでごらんいただきたい。

KO3-15132
KO3-18236

昭和通り

㈲多田水産
本場土佐久礼
生かつお
たたき
直火焼かつお
土佐久礼みやげ
鮮魚・活魚.干物
卸・小売

久礼内港の船溜まり。漁師の住居と港が一体となっている

県内最古の酒蔵、西岡酒造店

中土佐町観光拠点施設 ぜよぴあ
住所：高岡郡中土佐町久礼6372-1
電話：088-959-1369
営業時間：9:00～17:00
定休：1/1

★土佐久礼への行き方
高知自動車道中土佐ICより車で約5分
JR土讃線土佐久礼駅より徒歩で約5分

おすすめランチ

●漁師風鰹のタタキ

カツオの町として知られる土佐久礼の中でも、漁師が実際に食べている漁師めしが堪能できるお店として人気を呼んでいるとみぃの台所。なめろう丼や鰹のスタミナ丼など豪快な料理が魅力。定番のカツオのたたきももちろん美味だ。

「とみぃの台所」
中土佐町久礼6523-1

コラム

物々交換から始まった百四十年の歴史ある市場

久礼大正町市場

久礼大正町市場は明治時代から地元の台所としてにぎわってきた市場である。元々は明治中頃の闇市で、久礼浦に暮らす漁師のおかみさんたちが獲れたての魚を売り始めたのが始まりだそうだ。四十メートルほどの狭い道の両側に十数戸の建物が建ち並び、午後二時ごろから店先に朝どれ昼どれの新鮮な魚介類や野菜などが所狭しと並ぶ。商品の新鮮さや気さくで活気にあふれた雰囲気が人気で、町外や県外からも観光客が訪れる。

今も、アーケード内で簡単な台を出して魚を売っているのは漁師のおかみさんたち。家族が釣ってきたばかりの魚を新鮮なうちに販売している。魚は買って帰ることもできるし、その場で刺身にさばいてもらって食べることもできる。

また場外にも二十八軒の店が並び、刺身や漁師めし、海鮮丼などがリーズナブルな値段で食べられるほか、麺類やファーストフード、喫茶メニューなども揃っている。

須崎《すさき》（須崎市）

昔ながらの漁村集落が残る、
江戸時代からの鰹節の名産地

須崎は高知市から西へ四十キロ、入り組んだリアス式海岸の美しい海岸線を持つ漁業の町である。今はマダイやカンパチの養殖をはじめ、定置網や一本釣りなどさまざまな漁業が行われているが、江戸時代は特にカツオ漁が盛んで、鰹節の産地として名を馳せ、「須崎節」のブランドを持っていた。

須崎という町は江戸期を通じて土佐藩領で、町は大きく村方（農村）と浦方（漁村）に分かれていた。浦方がいつ頃できたのかは明らかではないが、天正年代（一五七三〜九二年）にはすでに漁民集落があったようで、安永五（一七七六）年の古地図には須崎浦の名称があるという。

明治・大正期には土佐を代表する港町として栄えたが、国鉄高知線（現在のＪＲ土讃線）が香川から高知の間に建設されてからは港町としての需要が激減した。以来、町の勢いは衰え人口も減り続けているが、貿易港としての貨物取扱量は今も県内一を誇っている。

須崎の中心街は須崎駅前から西に開け、古くからある商店街が直角に伸びている。大きな魚屋が何軒もあり、すぐそばの魚市場から仕入れた活きのいい魚が店先いっぱいに並んでいる。久しく忘れていたが、漁村育ちの筆者にとって、子供の頃、魚屋の魚は生きて売られているのが当たり前で、母親は動かない魚は絶対に買わなかった。魚屋のオヤジさんが動かない魚をよく「お宅の猫ちゃんに」とタダでくれたものだ。ピチピチと跳ねて木箱から飛び出している店先の魚を眺めながら、そんなことを思い出した。

須崎は大きな町だが、市街地から南や東の方角に向かうと、野見や久通《くつう》といった小さな鄙びた漁村がいくつかある。いずれも、漁港から山に向かう曲がりくねった狭い路地に沿って家が建ち並び、風を避けるためだろう黒い石垣をめぐらせ、昔ながらの漁業集落の雰囲気がそのまま残っている。

この辺りはどこも高齢化と人口減少が進んでいるらしい。確かに若い人の姿はほとんど見ないが、どの家も隣家との間に小さな畑を作り、芋や柿や野菜を育てている。このご時世、とれたての魚と野菜を食べる生活というのは最高の贅沢と言っていい。ここのお年寄りたちはきっと、平均寿命より長生きに違いない。

余談だが、久通は芋が美味しいことで知られている。干し芋（この辺では「ひがしやま」という）にすると最高の味だそうである。

朝どれ、昼どれのイキのいい魚が並ぶ魚屋の店先

リアス式の美しい海岸線を持つ須崎港

曲がりくねった細い路地に沿って家が建ち並ぶ

★須崎への行き方

高知自動車道須崎中央ICより車で約5分
JR土讃線須崎駅より徒歩で約5分

須崎市観光協会

住所：須崎市原町1-9-11
電話：088-940-0315
営業時間：月～金 8:30～17:15、
土日祝 8:30～12:00／13:00～17:15
定休：年末年始

ノスタルジック商店街

天神橋通り商店街（高知市本町三－四－六）

隣地は板垣退助生誕地、アーケードは板垣一色のユニークな商店街

高知城から徒歩五分、全長一〇〇メートルのアーケード商店街、天神橋通り商店街は、ちょっとユニークな特徴を持つ商店街である。

商店街に隣接する土地は、自由民権運動を率いた板垣退助の生誕地、東へ一〇〇メートル行ったところにあるのが同じく自由民権運動の片岡健吉の生誕地、また南へ二〇〇メートル行くと、幕末から明治に功績を残した後藤象二郎の生誕地がある。つまりここは、日本の立憲政治の基礎を築いた人物たちが生まれた場所なのである。

そんなわけで、商店街の雰囲気は板垣一色。どの店の前にも板垣の写真をプリントした白黒のポスターが並ぶ。板垣の誕生月の五月には毎年生誕祭が催され、商店街を挙げてさまざまなイベントや特売が行われる。

商店街は官公庁や会社に囲まれているせいか、飲食店が半数以上を占めている。他には日用雑貨の店がいくつかあり、店舗数は全部で三十三店舗。ここならではの店といえば、オリジナルな竹細工の店、土佐紬の店などがある。

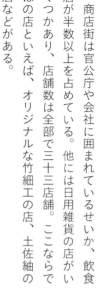

わが町自慢の
市場食堂

ひろめ市場（高知市帯屋町）
地元民と観光客が一緒に食事を楽しめる便利な市場食堂

高知市中心部、帯屋町アーケードの西の端にある「ひろめ市場」は、高知市民にもっとも愛されている名所のひとつである。

「ひろめ」とは、土佐藩の家老だった深尾弘人《ひろめ》の屋敷跡に作られたことに由来する。深尾弘人は山内家四代の藩主に仕えた名家老で、家来たちの能力を活かすことに長け、市民からも慕われていた。彼の屋敷がなくなった後も、この一帯は市民から親しみを込めて「弘《ひろ》人《め》屋敷」と呼ばれていたという。

平成十年に地元から「この土地を商店街活性化の核にしよう」との提案が持ち上がり、土地の所有者や建設業者らがこれに賛同し、「ひろめ市場」が建設された。以来、高知の衣食住を「ひろめる」、高知の人情を「ひろめる」、高知の芸術や文化を「ひろめる」をコンセプトに、各種料理を提供する飲食店、鮮魚店、精肉店、青果店、雑貨店など、安くて庶民的だが個性あふれる店が約六十店舗集まり、昼から夜まで営業している。

形態は「屋台村」あるいは「フードコート」のような形になっていて、各飲食店、食料品店の前にそれぞれテーブルが並んでいる。まずは席を確保してから、

好きな料理を選んで支払いを済ませ、テーブル番号を伝える。すると、どの店に注文してもテーブルまで運んできてくれる、という便利なシステム。地元の人たちと観光客とが一緒になって、にぎやかに食事を楽しめる場所だ。

営業時間
平日12時～21時、
日祝11時～20時

佐川《さかわ》（高岡郡佐川町）

メイン通りの半分以上を酒蔵が占める、名酒「司牡丹」の町

高知県中西部の町佐川は、元々は城下町である。山内一豊が藩主として土佐に入った際、筆頭家老の深尾重良が佐川一万石を与えられ佐川城（古城山）に入城、以来明治までの十一代二百六十八年間、佐川は深尾氏の城下町だった。

しかし地元の人々に聞けば、ほとんどの人が「佐川は酒蔵の町だ」と答えるだろう。もっと言えば、佐川は「司牡丹の町」なのだ。司牡丹は淡麗辛口の土佐を代表する酒。宮尾登美子の小説『蔵』のモデルとなった蔵元（小説の設定では越後の蔵元になっている）、また山本一力の小説『牡丹酒』は司牡丹の物語である。では、城下町佐川はなぜ司牡丹の町になったのか。それをかいつまんで説明しよう。

深尾氏は余程の酒好きだったようで、一六〇一年に佐川に入った時、旧領美濃国からお抱えの酒造職人を大勢連れてきた。佐川は元々、清流仁淀川の伏流水などに恵まれ、良質の清水が湧いている土地柄である。その天然の良水と美濃から持ち込まれた

優れた醸造技術とが融合して、銘酒が次々に生まれた。そんな中、代表的な銘柄だった竹村一族の「笹の露」、野菊、若柳、日の本の四つの銘柄が合併して、大正七年に佐川醸造が創立された。当初は「千歳鯛」という酒銘だったが、のちに「司牡丹」と改名され、社名も「司牡丹酒造」となった。

佐川が司牡丹の町と言われる所以は、町のメインストリートの半分以上を司牡丹の建物が占めているからだ。東西に延びる「酒蔵の道」には、江戸時代から最近建てられたものまで司牡丹の蔵がずらりと並ぶ。中でも大煙突の下にある蔵は、延長八十五メートルという日本有数の長さ。この中にぎっしりと、大量の仕込み酒が眠っている。酒蔵の町に共通したイメージだと思うのだが、白壁のすっきりとした建物が多く、町全体が爽やかな印象を受ける。

佐川はまた、世界的な植物学者・牧野富太郎の生まれた町でもある。牧野は一八六二年、佐川町の裕福な造り酒屋の一人息子に生まれた。幼少期から植物に興味を持ち、東大理学部植物学教室で植物分類学の研究に打ち込んだ。生涯に収集した標本は約四十万枚、新種や新品種など約千五百種類以上の植物に命名し、日本の植物分類学の父と呼ばれる。富太郎の生家跡には「牧野富太郎ふるさと館」が建っているが、これは彼の生家「岸屋」を復元したもので、家の中には資料展示室などがあり、無料で公開されている。また、佐川城跡の麓にある牧野公園は、富太郎が東京染井で見つけたソメイヨシノの苗を植えたことから始まった公園で、ここに富太郎も眠っている。

30

佐川の町は、メインの通りの半分以上を司牡丹の建物が占めている。全長85mの司牡丹の蔵

幕末に建てられた竹村呉服店

竹村家住宅

牧野富太郎ふるさと館

司牡丹のショールーム「ギャラリーほてい」

★佐川への行き方
高知自動車道伊野ICより車で約30分
JR土讃線佐川駅より徒歩で約10分

牧野富太郎 ふるさと館
住所：高岡郡佐川町甲1485
電話：088-920-9800
開館時間：9:00〜17:00（12:00〜13:00昼休み）
定休：月曜日（祝日の場合は翌日）、年末年始
入館料：無料

『陽暉楼《ようきろう》』（高知市）

小説　宮尾登美子著（一九七六年）
映画　五社英雄監督（一九八三年）

芸妓数百人、西日本一の妓楼と讃えられた『得月楼』（旧名・陽暉楼）

トレードマークの赤い暖簾

高知の芸娼妓紹介業の父と女義太夫の間に生まれた作家・宮尾登美子は、自分が生まれ育った高知の花街を舞台に、数多くの小説を書いた。その代表作の一つが『陽暉楼』である。陽暉楼とは、今もはりまや橋のたもとで営業を続けている老舗の料亭「得月楼」の旧名で、明治三年に創業、百四十年以上の歴史を誇り、現当主は六代目になる。

小説『陽暉楼』はこの店を舞台に、芸妓たちの過酷な生き様や土佐の情景を織り交ぜながら、実在した名妓桃若の薄幸の生涯を描いたもの。一九八三年に、女衒の父親役を緒形拳、娘の桃若役を池上季実子で映画化され、さまざまな映画賞を受賞した。若くして病死した桃若は写真が残っているが、流石に当時ナンバーワン芸妓と言われただけあって、実に美しい人である。

高知の花街は京都や東京のように検番制度や置屋のシステムはなく、料理屋が芸妓を抱えてお茶屋や待合を兼業する貸座敷の形態をとっていた。当時、はりまや橋そばの花街は稲荷新地と呼ばれ、陽暉楼を中心に何軒もの貸座敷が並んでいたが、陽暉楼は別格の繁盛ぶりで、一晩に千人単位の客を迎え、何百人という芸妓を抱えていたという。

得月楼は昔と変わらず基本的には和室の個室形式で、

今も営業を続けている「得月楼」

各部屋に床の間がしつらえられている

人気のランチ

各部屋に床の間があり、どの部屋からも美しい中庭が見られる。料理は会席料理、皿鉢料理が中心、昼食にはお弁当や寿司も供される。高級料亭としての格式は感じられるが、決して敷居は高くなく、比較的リーズナブルな価格でゆったりとした和の時間を過ごすことができる。特に予約も要らず気軽に利用できるランチがお勧めだ。

岩崎弥太郎生家

三菱財閥の創業者・岩崎弥太郎の生家は、敷地面積三十坪の中農農家

岩崎弥太郎は、天保五（一八三五）年、安芸郡井ノ口村の農家に生まれた。安政元（一八五四）年、大志を抱いて江戸に出、昌平坂学問所に入塾するが、父親が庄屋と喧嘩して投獄された事を知り帰国。奉行所に不正を訴えたが自身も投獄される。この時、獄中で同房の商人から算術や商売の基礎を学んだことが、商業の道に進むきっかけとなった。

出獄後、村を追われるが、吉田東洋の少林塾に入塾。東洋の死後は後藤象二郎に登用され、明治二年、新しく設立された開成館大阪商会の経営を任される。開成館は翌年、九十九《つくも》商会と改称、土佐藩所有の船舶の払い下げを受ける。その後、社名を三川《みつかわ》商会と改名、明治六年に三菱商会と改名し、三菱グループの基礎を作った。明治十八年、胃がんのため五十歳で亡くなったが、彼の行った事業は壮大で、その後の日本経済に大きな影響を与えた。

幕末には海援隊の会計を担当していたこともあり、坂本龍馬とも縁が深い。

弥太郎が江戸に出るまでの多感な青少年時代を過ごした生家は、土用竹の垣根に囲まれた茅葺き屋根の農家で、この辺りでは代表的な中農の住宅。弥太郎の曽祖父が寛政七（一七九五）年に手に入れたもので、当時のままの姿で残り、今も岩崎家の所有である。

敷地面積は約三十坪、四畳半が二室と八畳間、茶の間の四室で、庭には少年時代の弥太郎が造ったといわれる日本列島の形をした石組みの石庭がある。

今も岩崎家が所有している弥太郎の生家

生家前にある弥太郎の銅像

住所　安芸市井ノ口甲1631-1
入館時間　8：00～17：00
休館　なし

奈半利《なはり》（安芸郡奈半利町）

陸路・海路のかつての要衝、豪奢な家並みと石ぐろ塀が残る

高知県の東部、奈半利川の東岸にある奈半利町は、古くから野根山街道の起点の町として栄えてきた。野根山街道というのは、奈半利町から東洋町野根までの約三十五キロを尾根伝いにつなぐ街道で、江戸時代は参勤交代にも利用され、幕末は中岡慎太郎ら志士たちの脱藩の道となった。また、土佐幕末の悲劇・二十三烈士の動乱の道としても知られる※。

奈半利の港は中世からの沿岸航路の要港で、甲浦《かんのうら》と並ぶ廻船の港としてにぎわっていたのに加え、奈半利川上流の木材を搬出する集散地でもあった。それが昭和七年に奈半利貯木場ができ、昭和九年に森林鉄道奈半利線が完成してからは、さらに発展が加速していった。

また木材だけでなく、樟脳などの林産物や捕鯨、製糸業も起こり、明治以降は優れ

た経済人を数多く輩出し、高知県の産業の近代化に大いに貢献した。

現在の奈半利はそんなかつてのにぎわいはなく、しっとりとした静かな町並みだが、今も旧街道沿いには古い家屋や伝統的建造物が数多く残っている。これらのほとんどは江戸末期から明治・大正時代のもの。中二階建てで切り妻造りの家屋に土佐特有の立派な水切り瓦を備えた贅沢な造りの家が多く、かつての繁栄を偲ばせている。

ところでこの辺りでは「石ぐろ」と呼ばれる珍しい塀が見られる。これは昔から台風が多く風雨も強いこの地域で、建物を守るために考え出された、河原の石や浜石などの自然石を埋め込んだ外壁だ。隣町の吉良川が重伝建に選定されたことで、この「石ぐろ」も全国に知られるようになったが、町並みの充実度は吉良川に及ばないまでも、石ぐろの多さでは奈半利は負けていないようだ。逆に、昔ながらの自然体の石ぐろの町並みを見るなら、奈半利の方をお勧めする。

吉良川に行かれる方は、すぐ近くなのでぜひ奈半利にも立ち寄ってみて欲しい。

※野根山二十三烈士――元治元（一八六四）年九月十五日、土佐勤王党の獄で投獄された武市瑞山や勤王党員の助命嘆願を目的に、安芸郡下の同志が野根山に集結したが、土佐藩は彼らを反逆者として捕え、首領の清岡道之助以下二十三名が奈半利川の河原で処刑された。最年少の木下慎之助は弱冠十六歳の若さだった。

大正6年に創業した藤村製絲
の繭蔵。土佐漆喰の壁に6段
の水切り瓦がついている

6段の水切り瓦を備えた濱田家住宅の蔵

壁面から軒先まで漆喰で塗り込められた斎藤家住宅の蔵

樟脳で栄えた竹崎家住宅

森家の赤レンガのアーチ門

自然石を埋め込んだ「石ぐろ」

★奈半利への行き方
高知東部自動車道芸西西ICより車で約40分
土佐くろしお鉄道ごめん・なはり線奈半利駅より徒歩で15分

奈半利駅物産館「無花果」
住所：安芸郡奈半利町乙1305-6 奈半利駅1F
電話：088-732-1288
営業時間：8:00〜17:00
定休：年末年始

祭

南川百万遍祭（みながわひゃくまんべんまつり）

土佐町の山間部に佇む大谷寺に古くから伝わる南川百万遍祭。無病息災や五穀豊穣を願う伝統の行事だ。祭りは未明、しめ縄を綯うところからはじまり、御神酒をあおりながら一日中行われる。三十メートルを超す巨大な数珠をかつぎ、太鼓の音にあわせて念仏を唱えながら舞堂を何時間も廻り続ける。クライマックスには廻る速度や強度が増し、舞堂から転げ落ちる者も現れるほど。男たちは倒れたり重なり合ったり組んず解れつの状態となり、舞堂は熱気に包まれる。

開催時期　夏の土用入り後、最初の日曜日
開催場所　大谷寺（土佐町南川）
写真提供：土佐町役場企画推進課

甲《かんの》浦《うら》(安芸郡東洋町甲浦)

珍しい「ぶっちょう造り」の残る、徳島県境の小さな漁師町

甲浦は高知県の東北端にある漁村で、山を越えると隣は徳島県の宍喰町である。小さな町だが、古くから陸路・海路ともに大阪・近畿方面からの土佐国の表玄関とされてきた。上方から室戸岬に向かうまでは他に良港がなく、避難や寄港をするためになくてはならない港だった。また土佐藩にとっても甲浦は重要な港であった。関ヶ原の戦いの後、土佐藩主となった山内一豊もこの甲浦から入国し、さらに歴代の藩主も参勤交代で大坂へ海路で向かう際、この港から出港した。そのため港には、藩主らが泊まる宿舎や関連施設、浦奉行なども置かれていたという。

だが現在の甲浦には、そんな繁栄の面影はほとんどない。昔ながらの静かな漁師町の暮らしが残るだけだ。家と家との間に細い路地が幾筋もあるが、これが住民たちの生活道路。老人たちが隣家との間を行き来し、学校帰りの小学生が走り抜ける。同じような路地が入り組んで家々を結ぶ、なつかしい漁村風景が広がっている。

ここには徳島県の南部でもよく見られる「ぶっちょう造り」（別名「ミセ造り」）がある。一畳ほどの可動式の板戸を建物の軒下に作りつけたもので、畳めば雨戸になり、降ろすと縁台になる。街道集落でもあった甲浦では、この板縁で商品を陳列して商売したり、客を接待したりしていた。昔はどの家にもあったらしいが、次々に家が建て替えられ、あまり見られなくなった。だが町の南東の白浜地区辺りでは、今でもいくつかの古い家屋に残っている。「ぶっちょう」は「仏頂」と書くようだ。仏頂とは仏像の頭の上のことだが、なぜこれを仏頂と呼ぶのかは地元の人もよく知らないらしい。

最後に、甲浦の歴史に小さな一ページを刻んだエピソードをひとつ。

明治の初め、佐賀の乱で敗れた明治維新の功労者の一人・江藤新平（江戸を東京と改めた人としても知られる）は、高知に逃げ込んで同志を募り武装蜂起を呼びかけるが叶わず、高知を脱出して徳島へ入ろうとしたところ、ここ甲浦で捕えられ、佐賀へ送還されて処刑された。当時はまだ人相書きで指名手配していた時代で、他国に逃げた犯人を捕まえるのは容易ではなかったが、江藤の場合はかなりのスピード逮捕だった。その理由は、手配犯として江藤の写真が各地に配られていたためだったらしい。

だが実は、この写真手配制度こそ、司法制度の整備を進めていた江藤自身が考案したものだった。初代の司法卿を務めていた江藤は、明治五年、人相書きから写真手配への改革を進め、罪人の写真をあらかじめ撮っておくことを命じたのだ。皮肉にも自分自身がその被適用者第一号になろうとは、予想だにしなかっただろう。

入り組んだ小さな路地が続く

「ぶっちょう造り」を備えた家

板戸を降ろすと縁台になる

「ぶっちょう造り」の典型的な古い家屋

東洋町観光振興協会
住所：安芸郡東洋町大字河内1102-7
電話：088-723-9500
営業時間：8:30～17:00
定休：水曜日

★甲浦への行き方
徳島南部自動車道徳島津田ICより車で約120分
阿佐海岸鉄道阿佐東線甲浦駅より徒歩で約20分

重要伝統的建造物群保存地区

室戸市吉良川町（在郷町）

平成9年10月31日選定

吉良川は明治から昭和初期、良質な木炭の集散地として繁栄した町だ。旧土佐街道沿いにある「浜地区」と「丘地区」にそれぞれ特徴ある建物が残されていることから合わせて重伝建に登録された。浜地区には土佐漆喰と水切り瓦、煉瓦を用いた町家が建ち並び、丘地区には「石ぐろ」と呼ばれる石塀を周囲にめぐらせた農村的な民家が見られる。築百年を超える建物が百軒以上、ほぼ往時のままに残されている貴重な集落だ。古い民家を改修した「吉良川まちなみ館」では当地の歴史や建物について知ることができる資料が揃っており、まち歩きの拠点となる。

椿泊の町を松鶴城の城下町として整備。海上交通の要衝ともなっていた椿泊は多くの人でにぎわい活況を呈していたといわれている。

その華やかなりし頃の面影が今もなお椿泊の集落には残っている。

山と海のわずかな海岸線に沿って東西に伸びる約二キロほどの細い道。その両側に三百軒以上の家が並んでいる。典型的な漁師の家々だがよく見ると、趣向を凝らした装飾を施した家が多いことに気づく。往時の椿泊が時折顔をのぞかせる。

道は車がやっと通れるぐらいの幅で、曲がりくねっていて遠くまで見渡すことができない。なるほど、これでは敵も攻めが容易ではなかったろうと想像がつく。しばらく歩いていくと、椿泊小学校が見えてきた。ここはかつての松鶴城があった場所である。海に面しており、城からの眺望はさぞ素晴らしかっただろうと思われる。

さらに歩いていくと、阿波水軍森家墓所と書かれた看板を見つけた。急な階段を上り、道明寺という寺のうらの高台にあがると、いくつもの五輪塔が並んでいた。この椿泊を作り上げた森家の代々の当主の墓である。きれいに掃除され、花もたむけられているのを見ると、今もなお人々に大切に思われているのだろう。

振り返ると、眼下には椿泊の集落が広がり、瓦屋根がぎっしりと連なっている。そのさらに先には、海が広がる。季節は早春、まだハモ漁のシーズンではないが、それでもたくさんの漁船が波に揺れているのが見える。静かに吹き上げてくる海風からかすかな磯の匂いが立ち上った。

T03-21657

椿泊の町並み。手のこんだ欄干が設えられた古い木造の家が300軒以上並ぶ

かつて松鶴城があった場所にある椿泊小学校

阿波水軍森家墓所の五輪塔

★椿泊への行き方

徳島南部自動車道徳島津田ICより車で約80分

おすすめランチ

●日替ママどる定食

椿地区の憩いの場を目指してはじまった地元密着のお店。食堂のほか、椿漁港直送の地魚や地元野菜が買えるマルシェ(直売所)やお弁当、お惣菜の販売も行っている。日替わり定食は旬の食材を使い体も心もよろこぶ料理を提供している。

「キッチン　マルシェ　椿」
阿南市椿町庄田5

祭

赤松神社奉納吹筒花火
（あかまつじんじゃほうのうふきづつはなび）

江戸時代から続く伝統行事、吹筒花火。手作りの花火を神社に奉納し、来年の豊作や無病息災を願う祭りだ。赤松地区に伝わる秘伝の書には、吹筒花火に関する材料や分量が記されているともいわれ、その配合は各組でことなり、それぞれが美しさを競う。太くて大きな竹をくり抜いて作られた筒から吹き上がる火の粉は十メートルもの高さになる。参加者は火の粉を被りながら、掛け声を上げながらあたりを駆け廻る。いつもは静かな境内が歓声と笑顔にあふれる夜となる。

開催時期　毎年10月上旬
開催場所　赤松神社境内（美波町赤松）
写真提供：美波町

上《かみ》勝《かつ》町《ちょう》(勝浦郡上勝町)

葉っぱで輝く彩の山村集落

「葉っぱビジネス」というビジネスをご存知だろうか。徳島県の山奥にある小さな町が、料理の〝つまもの〟用の葉っぱを自分たちで採取し、それを全国の料亭や料理屋などに売るというビジネスである。これまで見向きもされていなかった葉っぱを商品化したこと、そしてそれに関わる人々に高齢者が多かったことから「葉っぱビジネス」は大きな話題となり、映画化されるほど注目を集めた。

このユニークなビジネスを始めたのが上勝町である。人口約千三百人、高齢化率五十%以上、豊かな自然だけが財産ともいえる典型的な過疎の町だ。かつて、この町は林業と温州みかん栽培が盛んな地域だったが、一九八一年の異常寒波によってほとんどのミカンの木が枯死。町は大打撃を受けた。この危機を救うべく一人の農協職員が考え出したのが、自分たちの山林にある葉っぱを売るというビジネスだった。アイデアもすばらしいが、それを軌道にのせた町の人々、とくに高齢女性たちが活躍したことが、さまざまな示唆を含んだ成功例として広く知られることになった。最盛期、葉っぱの売上は年間三億円近くまでになったという。

徳島市から車で約五十分。ひっそりと上勝町はあった。町の八十五%が山林というだけあって、どこを見ても豊かで厚い緑に覆われた山がある。この山林の間に五十程度の小さな集落が点在。険しい山を切り開き、斜面にへばりつくように家々が並んでいる。山奥の沢から水を引き、野菜や米は自分たちの手で作り、極力薪を燃やして火を使う。そんな昔ながらの暮らしをしている人々が上勝町には多いと聞く。

実は、この上勝町、二〇〇三年に日本で初めて「ゼロ・ウェイスト宣言」をした自治体なのだ。ムダ、ゴミ、浪費をなくし、リサイクル率百%を目指す。上勝町はこの二十数年間、高いリサイクル率を維持し、ゼロ・ウェイストを持続可能な自治体として注目を集め続けている。

高齢化が進んでいたものの、こうした町の取り組みや豊かな自然に魅了された若者たちが移住するなどして、少しずつ町は活気を取り戻しつつある。もちろん、自分たちのくらしを支える葉っぱビジネスをさらに成長させる取り組みにも余念がない。かじの葉、青柿葉、もみじ、山ぶどう、南天、レンコン葉……取り扱う葉っぱの種類は年々増えている。

上勝町の自然がもたらした恵みは町と人々に潤いを与え、それがそのまま町の魅力になっているのかもしれない。

深い緑にあふれた上勝町。秋になると紅葉した葉に彩られる

★上勝町への行き方
徳島南部自動車道徳島津田ICより車で約50分

千年の森ふれあい館
住所：勝浦郡上勝町旭中村66-1
電話：088-544-6680
開館時間：9:00〜18:00
定休：水曜日（祝日の場合は翌日）、年末年始

名画名作の舞台を訪ねて

映画『眉山』（徳島市）

小説　さだまさし著（二〇〇四年）
映画　犬童一心監督（二〇〇七年）

徳島を舞台に母と娘の絆を描いた傑作

シンガーソングライターで作家でもある、さだまさしのベストセラー『眉山』の映画化。眉山とは徳島市のシンボル的な存在として親しまれている山で、どの方向から見ても眉のかたちに見えることからその名がついたといわれている。

東京で働く咲子（松嶋菜々子）のもとに、徳島にいる母・龍子（宮本信子）が入院したという知らせが届く。すぐに徳島に帰るが、母はすでに末期ガンに侵されていた。母との残り少ない時間の中で、娘はこれまで聞けなかったさまざまなことを母に尋ねる。なぜ、父親と別れたのか、自分の父は誰なのか……いくつかの謎が解けていき、二人の間にあったわだかまりが少しずつ溶けていく。同時に、母への思い、そして自分に対

阿波十郎兵衛屋敷。主人公の咲子と母が人形浄瑠璃の上演を楽しむシーンをここで撮影

する母の強い思いを知ることになる。眉山や徳島の美しい街を背景に、母と娘の強い絆を描いた傑作である。

映画のクライマックスには、阿波踊りのシーンがあるが、すべて徳島市の方々がボランティアで参加。演舞場での踊りのシーンは、美しい迫力に満ちていて圧巻だ。また、徳島市内近郊の多くの場所でロケが行われている。まさに、徳島の魅力が全編につまった作品だ。

上／船場橋（映画の中では夢幸橋）。まだ若い母・龍子が咲子の父を待つ回想シーンや、咲子が父の姿を探すシーンなどに使われている
下／市街地から見える眉山

新町川水際公園とその周辺。主人公の咲子が恋人と歩くシーンや、阿波踊りの会場として度々登場する

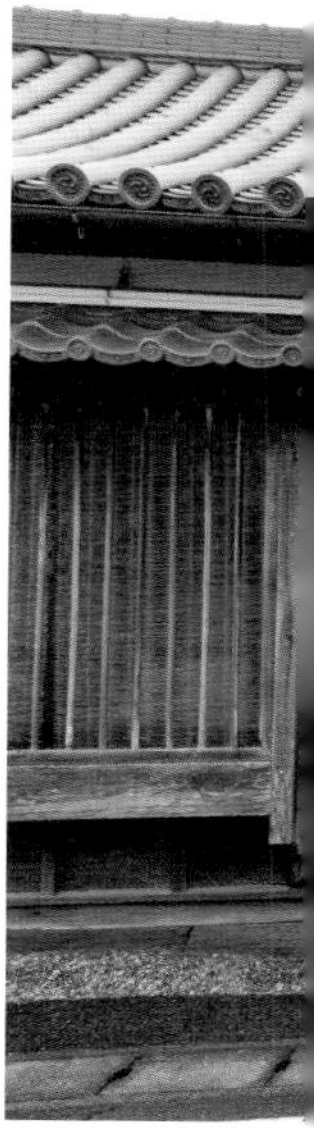

高島《たかしま》（鳴門市鳴門町高島）

塩田で一時代を築いた小さな島

四国の入り口ともいえる鳴門市。その北側、小鳴門海峡を挟んで橋で陸続きになっている小さな島が高島である。もともとは、高島、竹島、中島と分かれていたが、埋め立てによってひとつの島になった。

高島は、塩田によって栄えた歴史をもつ。慶長三（一五九八）年、淡路国から塩造りを知る者たちが移住し、当時この地を管轄していた撫養城《むやじょう》主益田氏の許可を得て、連れてきた職人たちとともに塩造りを始めたといわれている。

もともと入海で波の影響が少なく、周辺の海域の塩分が高かったことなどから、高島は塩田造成に適していたという。人力で海水を汲み上げる揚浜式塩田ではなく、潮の干満差を利用して海水を自動的に汲み上げる入浜式塩田にしたことから、生産量が飛躍的に増え、明治に入った頃には需要が急増。積極的に埋め立てが行われ、最盛期には塩田は七十町を超えたといわれている。

しかし、戦後、瀬戸内一体の製塩は衰退の一途をたどり、入浜式塩田の跡地では次々と宅地開発が行われ、高島の塩田は姿を消していった。

現在の高島は、鳴門市や徳島市のベッドタウンとして開発が進んでおり、町に塩田時代の面影はほとんどない。だが、町の中の細い路地に入ると、時々伝統的な構えの建物を見つけることができる。それほど規模は大きくないが、昔ながらの本瓦葺きの家屋が塩田時代の高島の姿をわずかながら今に伝えている。

最盛期の高島の家、いわゆる塩田屋敷と呼ばれた家が、高島の西端にある塩田公園に残されている。他では見ることができない貴重なもので、高島で十七世紀後半から製塩業を続けていた福永家の主屋、土蔵、塩納屋などが残っている。

鳴門市街から高島に行くには、車で行くのが一番楽だが、時間に余裕があるときは船で島に渡るのもおもしろい。高島と対岸の黒崎を約二分で結ぶ渡し船が無料で運行されている。たった数分の船旅にすぎないが、小鳴門海峡を吹き抜ける風はなんとも心地よい。かすかに届く潮の匂いに、塩田でにぎわっていた頃の高島へ思いを馳せてみるのもいいかもしれない。

集落に点在する昔ながらの家

ところどころに塩田で栄えた頃の高島の面影が残る

塩田公園にある塩田屋敷（福永家住宅）

★高島への行き方
神戸淡路鳴門自動車道鳴門北ICより車で約10分
JR鳴門線鳴門駅からバスで約15分高島下車

鳴門駅前観光案内所
住所：鳴門市撫養町小桑島字前浜309
電話：088-660-5119
営業時間：9:00〜17:00
定休：月曜日、12/29〜1/3

ノスタルジック商店街

ポッポ街商店街（徳島市）

五十年以上の歴史を誇る歩行者だけの商店街

JR徳島駅のすぐ目の前にあるアーケード商店街、ポッポ街。幅四メートルほどの道幅で、車やバイク、自転車は通行不可。飲食や雑貨、衣料品店が建ち並ぶ昔ながらの商店街だ。郊外型の大型店の台頭により、商店街の生鮮食品店が撤退してしまい、寂しさがただようこともあったが、近年は伝統芸能を介した交流や地元の文化を紹介するイベントを企画するなどし、にぎわいを取り戻そうという動きが活発化している。地域のコミュニティとしての機能が定着してくれば、商店街はまた地域の住民にとって欠かせない場所になるはずだ。今後が楽しみな商店街である。

わが町自慢の
市場食堂

おさかな食堂（徳島市幸町3-83-1）

市街地で市場の鮮度を味わえる食堂

徳島市の中心地、市役所から徒歩十分弱の幸町にある中洲市場。その起源を遡れば、江戸時代に幸町一帯が魚町と呼ばれ問屋街が形成されていたことに行き着くという。歴史ある魚市場は明治、大正、昭和と少しずつ形態を変えながらも、常に市民の台所として愛されてきた。

この中洲市場内にあって、季節ごとの新鮮な魚を使ったごはんを提供しているのが、おさかな食堂だ。鳴門から届く旬の魚を使ったメニューが自慢で、海鮮丼やマグロ漬丼のほか、新メニューの貝汁ラーメン、飛魚出汁ラーメンが市民の舌を楽しませている。

営業時間
11時～14時30分
毎週金曜休

阿《あ》波《わ》池《いけ》田《だ》（三好市池田町）

刻みタバコで栄えたうだつのある町

高知県を源流とし、四国山地を横断して徳島平野へと流れ込む吉野川。その吉野川の平野の始まりの地にあるのが池田である。吉野川水運の拠点として古くからにぎわっていた町だ。

この池田が全国的にその名が知られるようになったのは、「阿波刻みたばこ」がつくられるようになった江戸時代からである。もともとこの周辺の山間部では貴重な収入源として「阿《あ》波《わ》葉《は》」と呼ばれる葉タバコが栽培されていた。寛政十二（一八〇〇）年、池田の中村武右衛門という人物が、北海道の昆布切り機をヒントに「剪台（かんな刻み機）」を生み出す。葉タバコを圧縮した固形状のものをかんなで削り取る機械で、太さを自由に調整でき、手作業とは比べ物にならない量のタバコが生産できるようになったのである。この「阿波刻みたばこ」はその火付きの良さが評判を呼び全国から注文が殺到。吉野川水運の地の利もあって、明治期には池田の煙草産業は全盛期を迎え、百軒以上の刻みたばこ業者がいたといわれる。町には豪商が次々と生まれ、酒蔵、醬油蔵、和菓子屋などが軒を連ね、大きな商家群ができあがっていった。

その名残が今も町の通りに残っている。とくに通称「うだつ通り」と呼ばれる本町通りには、豪商の証ともいえる「うだつ（隣家との間に設けられた防火壁）」が残る商家が何軒かある。佐藤家、内田家、亀長家、宮本家、住吉家など。そして池田最大の豪商である真鍋家が、現在は「阿波池田たばこ資料館」に姿を変えて往時の町の様子を今に伝えている。

明治三十七年、たばこの製造販売が国営化されたものの、池田には四国で初めての専売局の工場が建設されるなど、たばこは長く池田の町のくらしを支えてきた。一九九〇年、日本たばこ産業の池田工場が閉鎖されたことにより、池田のたばこづくりの歴史に終止符が打たれた。

詩人で童謡作家でもある野口雨情が、昭和十一年に池田を訪れた際、十五節からなる「池田小唄」を作った。この小唄の十節目の詞を刻んだ歌碑が、阿波池田バスターミナルのところにある。

——刻み煙草ぢゃ池田が本場　昔ながらの阿波刻み——

この歌碑が建つ場所は、かつて専売公社の池田工場があった場所。まさに、刻みたばこをつくってきた池田にとっては、繁栄の歴史が刻まれた大切な場所といえるだろう。

うだつのある家が建ち並ぶ本町通り

うだつは豪商の証といわれた。
黒木家住宅のうだつ

旧真鍋家住宅のうだつ

うだつ通りにある大坂酒店

老舗羊羹店の安宅屋

阿波池田うだつの家・たばこ資料館

おすすめおやつ

●くりーみーすいーとぽてと

野菜おかずビュッフェとおやつカフェの店MINDEキッチンはマチの食堂、そして交流の場を目指してオープンした。鳴門金時を使用したスイートポテトはバニラアイスと一緒に味わうと相性抜群。デザートセットはドリンクがついて800円。

「MINDEキッチン」
三好市池田町マチ2226番地3-1

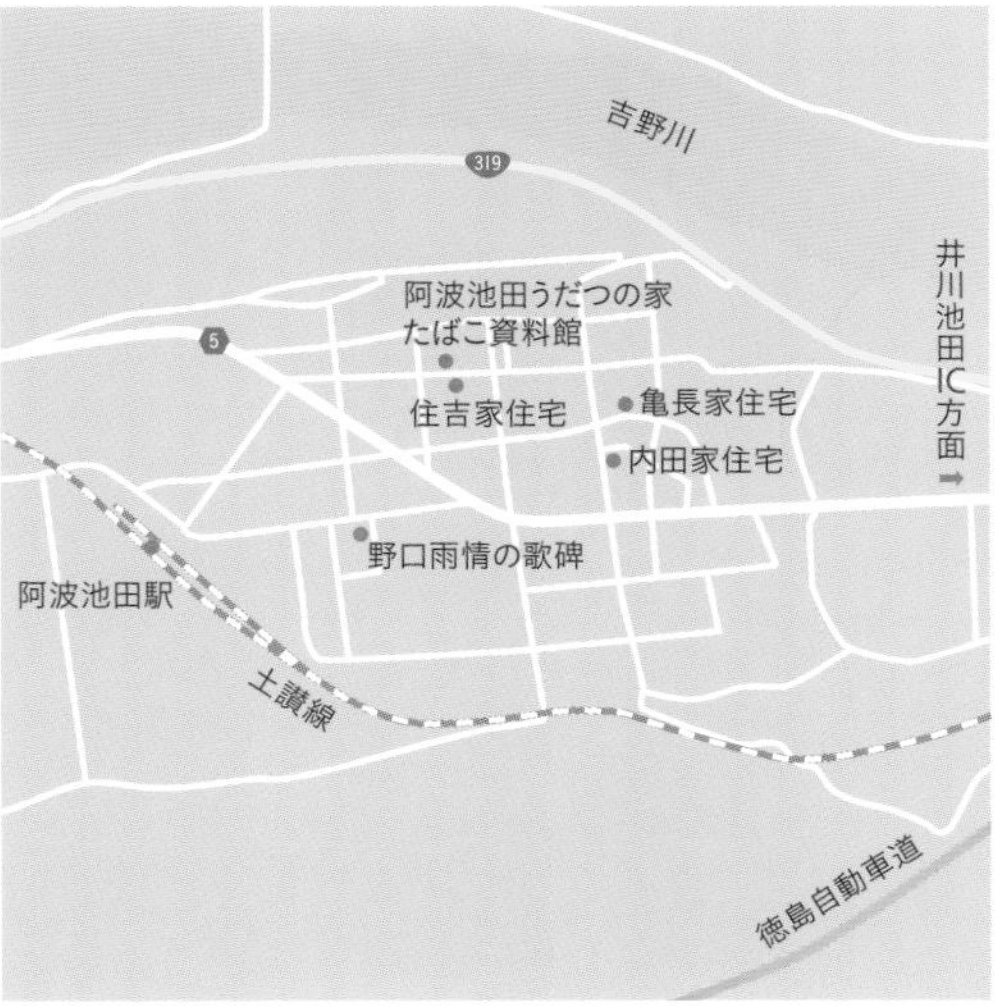

★阿波池田への行き方
徳島自動車道井川池田ICより車で約10分
JR土讃線阿波池田駅より徒歩で約10分

阿波池田うだつの家・たばこ資料館
住所：三好市池田町マチ2465-1
電話：088-372-3450
開館時間：9:00〜17:00
入館料：小中学生100円、高校・大学生210円、大人320円
定休：水曜日、年末年始

一宇《いちう》（美馬郡つるぎ町一宇）

剣山信仰の道に今も残る郷愁の村

徳島県の最高峰で県のシンボルともなっている剣山《つるぎさん》。古くから修験道の山として知られ、山岳信仰の対象になってきた。その剣山の北麓にあるのが一宇である。平成の大合併以前は一宇村だったが、貞光町や半田町と合併してつるぎ町一宇となった。

一宇に入るには、国道四三八号をひたすら剣山方面に進むしかない。その道は車の離合もままならぬほどだが、かつては剣山信仰の道として多くの人々が行き来し、剣山街道とも呼ばれていた。また、豊富な木材を生かして木地師の里として、あるいは煙草の産地としてにぎわった時代もあったという。一宇は、厳しい道中の宿場町的役割も果たしていた。

集落は、国道四三八号と貞光川に沿うように点在しており、中にはたった一人しか住人がいない集落もあり、多くが限界集落の様相を呈してしまっている。しかし、一宇の中心部である赤松地区には村役場があり、隣の古見地区には郵便局、銀行、旅館、商店などもあり、細い国道の両脇には、数多くの家屋が並んでいる。どの建物も老朽化が激しい。無住となっている家も見受けられる。時折姿を見せる住人もみなお年寄りばかりで、なんとも心許ない。

だが、集落の中をしばらく歩いているうちに、心が鎮まってくるのがわかる。清らかな水を湛えた貞光川の美しさ。そして、集落の背後に見える剣山系の山々の深い緑の美しさ。皮肉にも、光を失って鈍く輝く一宇の家々の色彩が、それらの美しさをより際立たせているように感じる。

遠い昔に、どこかで見た風景。自分の故郷にあった風景。なつかしい既視感を感じながら佇んでいると深い郷愁に駆られてくる。もう、かつてのようなにぎわいを望むことはできないものの、誰もが郷愁を感じる山村の風景が一宇にはいまだに残っている。

古里
一字
期間：4月～
中止
土・日・祝日限定11
大人1000円

リーニング
扱所

たばこ

一宇の中心街

美しい川面を見せる貞光川

★一宇への行き方
徳島自動車道美馬ICより車で約30分

道の駅 貞光ゆうゆう館
住所：美馬郡つるぎ町貞光字大須賀11-1
電話：088-362-5000
営業時間：8:30〜18:00、11/18〜3/31までは8:30〜17:30
定休：第三水曜日

重要伝統的建造物群保存地区

三好市東《ひがし》祖《い》谷《や》山《やま》村《そん》落《おち》合《あい》（山村集落）

平成17年12月27日選定

日本三大秘境ともいわれ、かずら橋や大歩危小歩危でも知られる祖谷。その中の東祖谷のほぼ中央に位置する落合地区は、祖谷川と落合川の合流点の上にあり、山の急斜面にそって民家や耕作地が広がる農村集落だ。農村としての人々の営みと自然が調和した美しい景観が認められ、重伝建に指定された。向かい合う山には落合集落を望む展望台が設置されており、圧巻の風景を一望できる。祖谷に伝わる平家落人伝説も納得できるような秘境ぶりだ。

重要伝統的建造物群保存地区

牟岐町出《て》羽《ば》島《じま》（漁村集落）

平成29年2月23日選定

牟岐町の南海上約三キロにうかぶ出羽島。江戸時代から藩の奨励のもと鰹漁を中心とした漁業で栄えた。港の周りに形成された町並みは、江戸後期に行われた積極的な移住計画による集落拡大の歴史がみごとに反映されている。幕末から昭和までの伝統的な民家もよく残されており、地割、家並みと自然環境が一体となって離島の漁村集落の風致を今に伝えている。牟岐港から連絡船が一日六便往復しており、伝統的な民家を見学できる施設「波止の家」や展望台が整備されるなど、観光にも力を入れ始めている。

写真提供：牟岐町教育委員会

重要伝統的建造物群保存地区

美馬市脇町南町（商家町）

昭和63年12月16日選定

四国三郎の異名を持ち、日本三大暴れ川の一つに数えられる吉野川。その吉野川の北岸に接し徳島県のほぼ中央に位置する脇町は、江戸時代から藍染めの原料となる阿波藍の集散地として繁栄した。江戸から各時代の町家がよく残されており、漆喰白壁が並び伝統的な景観を伝える通りは四百メートル以上も続く。本来は防火の役割ながら、装飾として財力の象徴の意味合いを持つようになった「うだつ」を備えた家が多く、脇町はうだつの町並みの代表格としても知られる。

ふるさと再発見の旅　四国

2024年4月15日 第1刷発行

撮影　清永安雄
原稿　志摩千歳（愛媛・高知）
佐々木勇志（香川・徳島）
編集　及川健智
地図作成　山本祥子
デザイン　松田行正・杉本聖士（マツダオフィス）

発行　株式会社産業編集センター
〒112-0011
東京都文京区千石四丁目39番17号
TEL 03-5395-6133　FAX 03-5395-5320
https://www.shc.co.jp/book/

印刷・製本　株式会社シナノパブリッシングプレス

ISBN978-4-86311-402-9 C0026
Printed in Japan

ふるさと
再発見の旅

刊行予定のご案内

今後、
シリーズの新刊が刊行される際に、
ご案内をお送りさせていただきます。

ご希望の方は、本書に挟み込まれている「読者ハガキ」にお名前、ご住所など必要事項をご記入いただき、ハガキの「本書へのご意見・ご感想をお聞かせください」の欄に「ふるさと再発見の旅　案内希望」とお書きの上、お送り下さい。

シリーズ　刊行予定

2024年10月「東海・北陸」
2025年4月「北海道」
（刊行順、タイトル、内容は変更する場合がございます）

シリーズ　好評既刊本

「近畿1」「近畿2」「甲信越」「中国地方」「関東」「東北」「九州1」「九州2」